Holocausto:
Vivência e Retransmissão

Coleção Estudos
Dirigida por J. Guinsburg

Equipe de realização – Edição de Texto: Daniel Guinsburg Mendes; Revisão: Luciana de Almeida Tavares; Sobrecapa: Sergio Kon; Produção: Ricardo W. Neves, Lia N. Marques, Sergio Kon, Elen Durando e Luiz Henrique Soares.

Sofia Débora Levy

**HOLOCAUSTO:
VIVÊNCIA E RETRANSMISSÃO**

 PERSPECTIVA

CIP-Brasil – Catalogação na Publicação
Sindicato Nacional dos Editores de Livros, RJ, Brasil

L65r

Levy, Sofia Débora
　　Holocausto: Vivência e Retransmissão / Sofia Débora Levy. – 1. ed. – São Paulo: Perspectiva: Conib, 2014.
　　216 p. ; 23 cm. (Estudos ; 317)

　　Inclui bibliografia
　　ISBN 978-85-273-0995-0

　　1. Holocausto - Sobreviventes. 2. Holocausto judeu (1939-1945) – Narrativas pessoais. 3. Guerra Mundial, 1939-1945 – Narrativas pessoais judaicas. I. Confederação Israelita do Brasil. II. Título. III. Série.

13-07874　　　　　　　　　　　　　　CDD: 940.5315
　　　　　　　　　　　　　　　　　　CDU: 94(100)'1939/1945'

10/12/2013　12/12/2013

[PPD_1/2016]

Direitos reservados à
EDITORA PERSPECTIVA S.A.

Av. Brigadeiro Luís Antônio, 3025
01401-000 São Paulo SP Brasil
Telefax: (011) 3885-8388
www.editoraperspectiva.com.br

2016

*A você, leitor,
origem e fim deste livro.*

Sumário

Prefácio – *Ester Kosovski* XI

Introdução XV

ESSÊNCIA E EXISTÊNCIA 1
    A Historicidade 1
    A Fenomenologia 5
    O Existencialismo 8
    A Psicologia Existencial 12

O SER EM PROCESSO 21
    O Metaprocesso 23
    O Esclarecimento 27
    A Busca Dialógica 29
    A Ética Humanista 32

UMA QUESTÃO ESTIGMATIZANTE 41

UMA ANÁLISE CONTEXTUALIZADA 47

ENTREVISTAS 65

OS SOBREVIVENTES 79

    Abraham Warth 81
    Aleksander Henryk Laks 88
    Chaim Najman 93
    Edward Heuberger 95
    Kurt Homburger 101
    Lejbus Brener 104
    Leon Herzog 107
    Maria Yefremov 112
    Roza Rudnic 114
    Simone Goldring Soares 118

UMA RESPOSTA CIRCUNSTANCIADA 121

    Antissemitismo e Nazismo 123
    A Incredulidade no Discurso Nazista 129
    A Possibilidade de Deixar o País 132
    Controle e Manipulação das Informações 135
    A Expulsão do Lar 142
    O Desmembramento Familiar 146
    A Vida Frente ao Genocídio 152
    A Reação ao Holocausto 157

REFLEXÕES PRESENTES E FUTURAS 167

Bibliografia 179
Glossário 187

Prefácio

É sempre uma honra e um prazer prefaciar uma obra de conteúdo sério; mais ainda, que se conhece desde o início da sua elaboração, o que cria um vínculo especial, como ocorre com este livro.

Conheci Sofia Débora Levy enquanto aplicada estudante de psicologia na UFRJ, onde eu era professora na Escola de Comunicação, e ela preparava seu projeto de dissertação de mestrado; ocorreu-lhe um tema que já a preocupava e interessava: uma análise psicológica dos relatos de sobreviventes do Holocausto.

Para tanto, engajou-se, como voluntária em uma pesquisa trabalhosa e importante junto ao Museu Judaico do Rio de Janeiro, uma instituição muito próxima a mim, para fazer entrevistas e posterior análise do testemunho autêntico de alguns desses sobreviventes que viviam no Rio de Janeiro, sobre fatos que lhes ocorreram há mais de meio século, considerando que esses sobreviventes em breve rareariam e seus testemunhos seriam um precioso subsídio para o futuro. De fato, alguns já faleceram e deixaram seu legado.

O entusiasmo da autora pelo tema, seu empenho e seriedade em ir às fontes primárias produziram um texto acadêmico alentado, de grande valor para a memória e história, com uma abordagem original, através da psicologia.

Holocausto, juridicamente, corresponde ao crime de genocídio; usado nas legislações com um significado mais amplo: o de eliminação de grupos étnicos, raciais, religiosos, culturais de qualquer natureza. Esse mesmo termo corresponde ao hebraico *Schoá*, designa a tragédia que ocorreu ao povo judeu levado de vários países da Europa sob ameaça de metralhadoras, em trens para gado, sem alimentos nem higiene, ou forçado a marchas mortais, por dias de inverno, para campos de concentração, que supostamente seriam somente de trabalho e que na realidade transformavam-se em campos de extermínio, possui um significado próprio de genocídio, inédito, praticado pelo regime nazista na Segunda Guerra Mundial, que englobou também outros grupos.

Esse fato originou o surgimento do estudo da vitimologia, teoria nascida das observações e reflexões de um sobrevivente, Benjamin Mendelsohn; advogado romeno, que passou pelo campo de concentração de Treblinka, foi libertado pelos americanos e, em 1947, apresentou uma comunicação em um congresso de criminologia em Bucareste com o título de "Vitimologia, Um Horizonte Novo no Campo Bio-Psico-Social"; no ano seguinte, foi promulgada pela ONU a "Declaração dos Direitos Humanos", e em 1985 a "Declaração dos Direitos da Vítima de Crimes e Abuso de Poder", declarações universais que repercutiram em todas as legislações do mundo democrático, e deram destaque às vítimas institucionais que nunca haviam sido consideradas.

O estudo da autora, sem dúvida, contribui para a restauração da verdade histórica de fatos que seriam omitidos, reprimidos inclusive na lembrança como feridas dolorosas dos que passaram por esta tragédia e sobreviveram graças à sua resistência e força moral.

Assim, este livro é uma contribuição inestimável à memória do infausto evento decorrente da paranoica filosofia hitlerista. Também o são os testemunhos oculares de sobreviventes que hoje rareiam, enriquecidos pelos conhecimentos e pela análise psicológica de uma pesquisadora competente e dedicada, elaborada em linguagem acessível e de fácil leitura.

Um livro importante que não pode faltar na bibliografia já vasta sobre o tema, produzido por quem se interessa e se dedica aos estudos psicológicos, históricos, sociológicos, políticos, jurídicos, constituído por uma abordagem multidisciplinar da humanidade.

Cumprimentos à autora e à editora por nos brindar com esta obra.

Ester Kosovski
Advogada, Profa. Emérita da UFRJ,
Diretora do Instituto dos Advogados Brasileiros,
da Sociedade Brasileira de Vitimologia,
e de Direitos Humanos da OAB.

Introdução

Este livro nasce de uma preocupação e um dever. Desde 1982, venho me deparando com a necessidade de uma análise de cunho psicológico sobre a reação das vítimas do Holocausto[1], ocorrido durante a Segunda Guerra Mundial.

Em meus estudos, passei a questionar o comentário de que "seis milhões de judeus teriam se deixado morrer tal como gado em direção ao matadouro", analogia comumente utilizada na alusão ao genocídio em massa imposto aos judeus, bem como a outros povos e grupos considerados nocivos à raça ariana, conforme as ideias preconizadas e registradas por Adolf Hitler em seu livro *Mein Kampf*[2].

A fim de avaliar criticamente essa questão, torna-se necessário compreender as condições conjunturais que alicerçaram o comportamento tanto das vítimas como dos algozes, que tiveram seus valores e necessidades previamente administrados

---

[1] Segundo W.Z. Laqueur, *O Terrível Segredo*, "Holocausto" não é o termo adequado para designar o genocídio dos judeus perpetrado pelos nazistas na medida em que *Holokaustein* significa trazer uma oferenda inteiramente queimada para sacrifício, não tendo sido essa a intenção dos nazistas, nem tal posição de vítima por parte dos judeus. No entanto, consoante a esse autor – no presente livro – optamos por tal expressão devido a seu uso consagrado.

[2] A. Hitler, *Minha Luta*.

pelos planos do Partido Nacional-Socialista dos Trabalhadores Alemães – NSPAD[3], com o objetivo de levar a cabo uma política de purificação da raça humana, desprovida de qualquer senso humanitário e de qualquer critério objetivo de racionalidade.

Assim sendo, a partir de 1993, no curso de mestrado em Psicologia Social e da Personalidade na UFRJ, elaborei uma proposta de dissertação sobre o tema e, em 1994, fui voluntária junto ao Museu Judaico do Rio de Janeiro na realização de um projeto de entrevistas com sobreviventes do Holocausto, residentes na cidade do Rio de Janeiro.

O Museu Judaico julgou necessário registrar as evidências das atrocidades nazistas a partir do testemunho dos sobreviventes, tendo em vista que já haviam decorrido mais de cinquenta anos daquele período. Em breve, não poderíamos mais contar com essas testemunhas, fundamentais para um registro fiel deste trágico período da história da humanidade.

Circunscrevemos, assim, o período histórico do Holocausto, tomando por referência o período de dominação nazista, ou seja, a partir da subida de Hitler ao poder na Alemanha, em 1933, até a sua derrota, em 1945[4]. No entanto, as fases imediatamente anterior e posterior foram também avaliadas, por fazerem parte do processo de compreensão das condições de vida dos judeus.

Propus-me a coletar o maior número de informações possível acerca das violações sofridas pelas vítimas, numa reconstituição histórica de suas vidas antes, durante e depois desse nefasto período, buscando uma aproximação entre relator e leitor e a compreensão das condições psicossociais dessa situação atípica, de modo que a revivescência dos fatos promova uma conscientização acerca da articulação capacidade-responsabilidade que se pode constituir em cada ser humano.

Ao comentário instigador desta investigação – o de que os judeus teriam se deixado levar tal como gado em direção ao matadouro – questiono, como ponto de partida, a apreensão vivencial dessas pessoas nessa situação específica, e quais eram as condições em que viviam. Antes de um julgamento estigmatizado, preconcebido, é preciso compreender como essas

3   Cf. A.M. Almeida, *A República de Weimar e a Ascensão do Nazismo*.
4   Cf. D. Michman, *El Holocausto*, v.1.

pessoas percebiam e vivenciavam a situação de não-seres que lhes foi imposta.

A perda de referências: espacial, social, familiar e de legitimação social conduz o indivíduo a um estado alterado de funcionamento perceptivo da realidade ao redor, prejudicando, por conseguinte, a sua capacidade de responsividade, num estado de choque com consequências nefastas. Assim, uma análise crítica do comentário instigador conduz à mudança do parâmetro de observação; ou seja, ao tecermos comentários, devemos considerar as condições nas quais as vítimas viviam, sem perder de vista as diferenças conjunturais daquela época para com os dias de hoje.

Para vislumbrar o entendimento psicológico dessa situação-limite vivida pelas vítimas, adotei o método fenomenológico de investigação, buscando apreender como o outro apreendeu a sua vivência[5]. É o exercício de compreensão empática, aplicado com base na filosofia de Martin Buber, que preconiza a busca dialógica, diálogo no qual cada indivíduo procura se fazer compreendido pelo outro, a partir das noções de trocas profícuas *Eu-Tu*, relações interpessoais nas quais o outro é visto e considerado em sua plenitude de ser e não como um objeto[6].

Tal exercício compreensivista só é possível ser realizado graças à condição ontológica no homem da recursividade, a capacidade cognitiva de refletir em diversos e contínuos graus, que permite o acompanhamento sucessivo, consciente e atento dos diálogos encadeados entre as pessoas[7]. Essa e outras capacidades são estudadas pela psicologia cognitiva e por outras ciências afins.

Assim, temos a metacognição: ramo da ciência que se debruça sobre os processos cognitivos, como a recursão, a atenção, o pensamento e a memória, potencialmente ilimitados no homem. E, numa ampliação conceitual proposta pelo psicólogo Franco Seminerio[8], temos o metaprocesso: a capacidade cognitiva de refletir contínua e recursivamente sobre quaisquer

5   Cf. J.H. van Den Berg, *O Paciente Psiquiátrico*; W. Dilthey, apud J. Habermas, *Conhecimento e Interesse*.
6   Cf. M. Buber, *Eu e Tu*; idem, *Do Diálogo e do Dialógico*.
7   Cf. F.L.P. Seminerio, A Metacognição e Seus Usos, *Arquivos Brasileiros de Psicologia*, v. 47, n. 3, p. 3-29.
8   Idem, Elaboração Dirigida, *Cadernos do ISOP*, v.10.

conteúdos aludidos à nossa mente, seja acerca desses processos ou não. Em meu entender, tal capacidade metaprocessual alicerça cognitivamente as condições de reflexão crítica e participação responsável nas relações sociais e individuais, preconizadas pelo Existencialismo[9] e pela Escola de Frankfurt[10].

Com isso, proponho a aplicação consciente dessa capacidade sobre os conteúdos vivenciais, próprios ou alheios, tendo sido, inclusive, por mim aplicada durante as entrevistas aos sobreviventes, com vias a constituir um registro fiel ao relato do depoente e, claro, para o futuro leitor. Para tanto, percorri o caminho da história de vida[11] de cada um dos sobreviventes que me concederam seus relatos com o objetivo de contribuir para a conscientização do maior número de pessoas sobre aquelas condições sociais e individuais, para que não se continue a cometer aviltamentos e distorções históricas tais como a afirmação de que os judeus teriam se deixado morrer tal como gado em direção ao matadouro. Desse modo, a situação dos judeus pode ser compreendida levando-se em consideração a interação de fatores psicossociais, por meio dos quais o seu comportamento poderá ser repensado circunstancialmente.

Por intermédio de práticas reflexivas, faço ainda uma abordagem do imaginário, no campo específico das elaborações anteriores e atuais dos sobreviventes entrevistados, ou seja, como se veem e como veem o mundo, e qual a mensagem social que emerge dessa visão.

Esta obra busca, portanto, contribuir para a utilização da capacidade cognitiva humana metaprocessual como base do repensar social, que julgo capaz de alicerçar uma ética universal de cunho humanista, pela preservação da memória do Holocausto, entendida como paradigma de reflexão para as futuras condições e gerações sobre aonde pode o homem chegar se

9 Cf. J.P. Sartre, O Existencialismo é um Humanismo, Sartre. M. Heidegger, Ser e Tempo.
10 Cf. T.L.W. Adorno; M. Horkheimer, Dialética do Esclarecimento.
11 Cf. G.G. Debert, Problemas Relativos à Utilização da História de Vida e História Oral. E.R. Durham et al. (orgs), A Aventura Antropológica; F. Mercadé, Metodologia Cualitativa e Historias de Vida. Revista Internacional de Sociologia v. 44, n. 3, p. 295-320s; M.I.P. de Queiroz, Relatos Orais, em O. de M. von Simon (org.), Experimentos de História de Vida.

desprovido de consciência crítica ética e moral. Sendo assim, atentar para o perigo a que estamos sujeitos a partir de manipulações ideológicas, políticas e econômicas por parte de pessoas que estejam em posição de poder e que transgridam as noções básicas de ética e respeito, é fator de fundamental importância na contemporaneidade.

Por fim, constituir-se como material de cunho pedagógico é, ainda, um objetivo desta obra. Que esta publicação possa atender ao leitor interessado em aprofundar seus estudos sobre a condição humana e, em particular, sobre o Holocausto, fazendo da leitura também um exercício compreensivista.

Essência e Existência

Na possibilidade de compreender o homem através do homem, a atitude do pesquisador em ciências humanas, os temas por ele investigados e as análises realizadas deixam transparecer alguns aspectos de sua personalidade e de sua visão de mundo.

Para evidenciar minha atitude, bem como os objetivos e a metodologia utilizados no presente texto, é válido explicitar minha vertente psicológica, e suas raízes filosóficas, encontradas na fenomenologia e no existencialismo.

A HISTORICIDADE

Wilhelm Dilthey (1833-1911) é o filósofo que deu um novo impulso à filosofia ao apontar a historicidade como condição básica para se pensar o homem e seus atos.

> A filosofia é a consciência que o avanço do seu estudo histórico lhe ministrou quanto à formação das imagens do mundo e as suas formas capitais e o valor relativo da verdade.[1]

---

1 W. Dilthey, *História da Filosofia*, p. 210.

Ao se reportar ao valor relativo da verdade, Dilthey refere-se ao caráter dinâmico do pensamento e da percepção do homem acerca de si e do mundo, com base em suas vivências. Tal dinâmica é função tanto da temporalidade, entendida como historicidade – na qual está inserida o curso da vida individual e social – quanto da *Erlebnis*, a significação de cada vivência para o indivíduo, cujo conjunto irá compor a sua visão de mundo – *Weltanschauung* –, passível de ser transmitida para outros indivíduos, com fins compreensivistas acerca do comportamento individual e social.

Nesse sentido, história e psicologia se entrelaçam por serem pensadas sobre a vivência e sua evocação, com vias a reconstruir o seu sentido que, por sua vez, é suscetível de mudar através do tempo, isto é, a partir de outras vivências. Assim, distinguem-se das ciências naturais já que estas são fundamentadas em leis e princípios imutáveis com base em testemunhos sensoriais[2].

Desse modo, a principal contribuição epistemológica de Dilthey foi a diferenciação entre *explicar*, atitude encontrada primordialmente nas ciências naturais – *Naturwissenschaften* –, e *compreender*, alternativa por ele proposta para as ciências sociais, ou melhor, para as *Geisteswissenschaften*, as ciências do espírito. Essas têm como foco central o próprio homem que, como ser histórico e psicológico em que se define, não pode ser entendido através de uma mesma visão impassível, fria, distante e objetiva, a qual é buscada ao máximo pelo pesquisador das ciências naturais em relação aos seus objetos de estudo.

Acontece que as ciências do espírito se distinguem das ciências naturais pelo fato de estas possuírem fatos para seus objetos. Estes se apresentam, por um lado, de fora à consciência como fenômenos isolados, enquanto os mesmos fatos, por outro lado, se apresentam dentro a esses fenômenos como realidade e como um complexo animado *originaliter*. Disto resulta para as ciências naturais que um conjunto coerente da natureza só se torna disponível através de chaves complementares de interpretações, por intermédio de uma cadeia de hipóteses. Para as ciências do espírito, pelo contrário, segue que nelas o conjunto da vida da alma está dado como um elemento originário. A natureza, nós explicamos; a vida da alma, nós entendemos. Pois, na experiência interior os

---

2 Cf. F.L.P. Seminerio, *Diagnóstico Psicológico*.

processos de aquisição, as combinações das funções, enquanto elementos particulares da vida da alma, estão também disponíveis na forma de uma articulação global. O conjunto vivido é aqui o dado originário, a distinção dos elementos particulares que o compõem é posterior.[3]

Na apercepção, expressão e compreensão de suas vivências, o homem opera, em si e para com os outros, uma dinâmica que não pode ser explicada de modo unicausal e linear. De acordo com a perspectiva histórica e psicológica do homem, seus processos só são passíveis de serem compreendidos enquanto rede, formada pela interação de vários fatores de diferentes níveis, sendo alguns objetivos, outros subjetivos, e outros ainda intersubjetivos[4]. É na intersubjetividade que Dilthey propõe a atuação do pesquisador em ciências humanas: exercer a atitude de compreender o homem através do conjunto de significações que lhe impregnam a partir de suas vivências. A intersubjetividade possibilita a apreensão da inter-relação social como uma rede de significações. O indivíduo absorve e se constrói face às significações hauridas. Ao pesquisador cabe captar, numa segunda ordem, essa construção, visto que:

não compreendemos nem a nós nem aos outros senão na medida em que transpomos nossa vida vivenciada para dentro de cada forma de expressão correspondente a nossa e à vida alheia. Desta forma a conexão entre vivência, expressão e compreensão perfaz em toda parte a fórmula geral através da qual a humanidade nos é apresentada como objeto das ciências do espírito[5].

É a visão do conjunto da dinâmica individual e social que a psicologia, como ciência, tem para contribuir, como referência, para outras ciências correlatas, como a sociologia e a história. Segundo Van Den Berg, o alvo da psicologia é pensar o homem enquanto totalidade e seu método de aplicação deve seguir esse mesmo parâmetro, sempre com base na compreensão[6].

A atitude compreensivista busca captar a *Weltanschauung* do indivíduo em questão. A visão de mundo reflete a maneira

---

3 W. Dilthey, apud J. Habermas, *Conhecimento e Interesse*, p. 159.
4 Cf. K. Lewin, *Teoria Dinâmica da Personalidade*.
5 W. Dilthey, apud J. Habermas, op. cit., p. 162.
6 Cf. *O Paciente Psiquiátrico*.

como ele se compreende, e aos outros, naquele momento. Pelo caráter histórico e dinâmico da consciência de si, a sua visão do mundo também se transforma à medida que o tempo e a história se modificam, trazendo novas vivências que alteram os valores sobre os quais o indivíduo se baseou até então. É esse caráter mutável da compreensão de si e de sua inserção no mundo, bem como o entendimento de como o mundo se lhe apresenta, que acredito ser revolucionário em Dilthey, pois o homem pode ser então compreendido a partir de parâmetros mais fiéis à sua própria constituição de ser.

[...] assim como o Si mesmo e o mundo são correlatos, assim também o são o ideal da vida e a visão do mundo. Encontram-se numa referência intrínseca que, em seguida, tentamos elevar à consciência. Surge uma visão da vida e do mundo como um todo inter-relacionado; expressão da vitalidade[7].

A consciência do significado de cada situação vivida é o âmago das trocas compreensivistas. As significações compõem o campo para o conhecimento e compreensão do homem[8]. Elas estão contidas na vivência, compondo-a, sendo absorvidas de tal modo que podem ser vividas no presente, retrospectivamente como memória[9], ou ainda prospectivamente como ideal.

As significações das vivências percebidas por um indivíduo não são idênticas para outro. Há sempre variações nos modos como o homem pensa a si e aos outros. Para isso, o diálogo se faz necessário nas relações interpessoais profícuas. Mas e a vivência da situação em si? Haverá um ponto final indiscutível acerca de como devemos todos reconhecer uma dada situação? A capacidade de perceber a realidade é fundamentalmente objetiva, como preconiza o positivismo, ou subjetiva, consoante o encontro do homem através da Arte? Haveria uma ciência que propusesse uma alternativa?

---

7 W. Dilthey, *Teoria das Concepções do Mundo*, p. 33.
8 Cf. A.J. Greimas, *Semântica Estrutural*.
9 Cf. W. Dilthey, apud J. Habermas, op. cit.

A FENOMENOLOGIA

O desafio da fenomenologia de Edmund Husserl (1859-1938), ao buscar descrever os modos de operar da consciência, traduz-se na tentativa de se atingir o positivismo absoluto, calcado na essência da coisa-em-si, passível de ser percebida e reconhecida por todo indivíduo.

Muito se tem dito nas tentativas de definir a fenomenologia. Merleau-Ponty atenta para o seu amplo caráter filosófico e metodológico e, após enumerar várias características definitórias da fenomenologia, conclui que "é em nós mesmos que encontraremos a unidade da fenomenologia e seu verdadeiro sentido"[10].

Segundo Edmund Husserl, o objeto de estudo da fenomenologia é a essência do conhecimento, sendo seu método a crítica ao próprio conhecimento[11]. Sua postura visa alcançar o positivismo absoluto através da *Wesensschau*, a visão interiorizada, que representa a única forma de alcançar a objetividade possível. Negando a perspectiva do positivismo clássico de situarmos nosso conhecimento no âmbito dos fatos objetivos, transfere essa possibilidade para a captação dos fenômenos tais como se oferecem à nossa consciência. É apenas em relação a esses conteúdos que podemos nos pronunciar objetivamente, sem qualquer chance de estendermos afirmações positivas sobre o dado que os ultrapasse.

A superação da subjetividade inerente a essa atitude só pode ser alcançada através da ascensão às essências, que asseguram a intersubjetividade efetiva do nosso conhecimento e da nossa linguagem. Trata-se ainda assim de uma ascensão ideal, caracterizada pelas reduções referidas por Husserl, uma vez que a redução efetivamente transcendental só nos explicita a própria intencionalidade, desprovida de qualquer conteúdo como eixo definitivo desse processo. Intermediariamente, qualquer tentativa de universalização através da busca do *eidos* é fadada a encontrar, sistematicamente, novas limitações sujeitas a possíveis e contínuas reduções.

A fenomenologia é a ciência das essências constituintes de todo e qualquer ser ou objeto. Mas, segundo Husserl, a essência

---

10   *Fenomenologia da Percepção*, p. 6.
11   Cf. *A Idéia da Fenomenologia I*.

primordial não se encontra em cada objeto, mas sim na relação da consciência com seus objetos. Essa relação é a intencionalidade, conceito que Husserl hauriu de Brentano[12]. Através dessa relação, é desfeita a diferença entre o que há para além da consciência e os objetos apreendidos. O que há é a construção que cada indivíduo faz do real. A consciência existe nesta relação fenomênica de apreensão dos dados que lhe acometem. E é a partir dessa apreensão que o indivíduo irá se colocar frente ao mundo.

Husserl, buscando a própria essência de qualquer significação, chegou a situá-la na relação que a consciência pode estabelecer com seus objetos, ou seja, a célebre noção de 'intencionalidade'. Tudo o que for suscetível de ser conhecido é captado por nós como um dado dotado de significação.[13]

Nesse sentido, o único dado real e objetivo é a própria existência da relação de intencionalidade, na qual a consciência apreende as significações acerca de seus objetos[14].

Assim, toda a vida cotidiana, bem como a ciência, se faz a partir do entendimento fenomenológico que cada indivíduo constrói. Nessa construção, entram em jogo as suas vivências, com a apreensão dos valores, das emoções e dos pensamentos que se processam continuamente a todo momento.

Tudo o que sei do mundo, mesmo devido à ciência, o sei a partir de minha visão pessoal ou de uma experiência do mundo sem a qual os símbolos da ciência nada significariam. Todo o universo da ciência é construído sobre o mundo vivido e se quisermos pensar na própria ciência com rigor, apreciar exatamente seu sentido, e seu alcance, convém despertarmos primeiramente esta experiência do mundo da qual ela é a expressão segunda.[15]

Cada indivíduo consigo mesmo é passível de apreender a construção fenomênica das situações vividas. Neste sentido, estas são construções fenomenológicas, posto que é exatamente a dinâmica dos fatores inerentes à consciência e que compõem tal

12 Cf. A.G. Penna, *Introdução à História da Psicologia*.
13 F.L.P. Seminerio, *Diagnóstico Psicológico*, p. 75.
14 Ibidem.
15 M. Merleau-Ponty, op. cit., p. 6.

construção que Husserl se propõe a desvendar. De acordo com essa perspectiva, cada indivíduo tem a capacidade de apreender em si a sua visão fenomenológica da realidade, e se pronunciar para o outro tendo em vista que aquela é a sua visão e que ela não esgota a situação externa. Com essa consciência, é mais fácil compreender que o outro pode apresentar um entendimento diferente e uma outra construção fenomenológica de uma mesma situação:

assim como podemos fazer juízos a respeito das coisas exteriores, podemos fazê-lo também a respeito das nossas próprias vivências interiores e, nesse momento, as significações das respectivas proposições residem nos juízos sobre essas vivências, e não nas próprias vivências, desejos, perguntas, etc. Da mesma maneira, as significações dos enunciados sobre as coisas exteriores também não residem nessas últimas (casas, cavalos, etc.), mas nos juízos que fazemos interiormente sobre elas ou nas representações que ajudam a construir esses juízos[16].

Numa prática cotidiana, a compreensão do funcionamento psíquico, com base na vertente fenomenológica, conduz os indivíduos a um repensar de suas reações diante de outros que apresentem apreensões diferentes acerca das mesmas vivências. Faz-se necessário uma continuidade de esclarecimento dos dados que levaram cada um a construir sua *Weltanschauung* de diferentes maneiras.

Com isso, nas relações entre dois ou mais indivíduos, encontraremos as relações de consciência de cada um consigo, a partir da apreensão de suas próprias vivências, e, em especial, a relação na qual cada um se percebe sendo percebido pelo outro[17], com ambos tendo consciência e mantendo-se nessa relação: é a manutenção da intencionalidade promovendo trocas profícuas entre as pessoas.

A fenomenologia influenciou notadamente o existencialismo e a psicologia existencial. Suas contribuições constituíram um novo método de investigação: o método fenomenológico, no qual o cientista apresenta, em sua prática profissional, atitudes para consigo e para com seu objeto de estudo nos moldes da reflexão consciente suscitada por Husserl. Acima de tudo, a relação de intencionalidade que caracteriza o homem também se

---

16 E. Husserl, *Investigações Lógicas*, p. 21.
17 Cf. M. Merleau-Ponty, op. cit.

apresenta nas relações epistemológicas do fazer científico. Nesse aspecto, identificamos a aproximação de Husserl a Dilthey, na medida em que a atitude fenomenológica reivindica uma aproximação relacional não preconizada pelas ciências naturais.

Tendo em vista a atitude fenomenológica de reconhecer ao invés de inferir[18], a investigação psicológica pautada nesse método preconiza o exercício do investigador de procurar apreender o ponto de vista do outro, buscando as significações que este lhe deseja transmitir. Segundo Van Den Berg, o fenomenólogo procura colocar-se nas situações descritas pelo outro, comparando ambas as impressões[19]. Assim, ainda segundo esse autor, o psicólogo que se utilize do método fenomenológico deve estar apto a falar, ver, ponderar e descrever. A apreensão fenomenológica de um indivíduo é uma construção significativa das situações vividas. O que importa, nesse caso, é compreender como e por que a sua apreensão se fez de tal maneira específica, sem perder de vista o valor dessa apreensão. Uma atitude fenomenológica é aquela que não julga o valor nem contrapõe a visão do indivíduo à veracidade factual: a expressão é captada como real para aquele indivíduo. É a sua verdade existencial.

É com essa atitude que creditamos à atuação do psicólogo a realização das entrevistas com os sobreviventes do Holocausto, sendo este um momento único no qual se dá um retorno ao passado numa revivescência de fatos e emoções, vivências fortes e singulares experimentadas por cada uma dessas pessoas, e que, por isso, deve ser vivido e conduzido com atenção e compreensão.

O EXISTENCIALISMO

A diferença amplamente difundida entre fenomenologia e existencialismo é tal que, naquela, a essência precede a existência, e neste, a existência precede a essência.

O que significa, aqui, dizer que a existência precede a essência? Significa que, em primeira instância, o homem existe, encontra a si

---

18 Cf. N. Campos, *O Método Fenomenológico na Psicologia*.
19 Cf. J.H. van Den Berg, op. cit.

mesmo, surge no mundo e só posteriormente se define. [...] O homem é tão somente, não apenas como ele se concebe, mas também como ele se quer; como ele se concebe após a existência. O homem nada mais é do que aquilo que ele faz de si mesmo: esse é o primeiro princípio do existencialismo.[20]

Nesse primado do que é o existencialismo, Jean-Paul Sartre (1905-1980) já anuncia a responsabilidade que o homem tem para consigo mesmo, no que tange ao qualitativo de vida que pode construir. Tal concepção vem ao encontro da atitude preconizada por Heidegger[21]: *Dasein*, ou seja o modo de ser do homem (ente) impregna as suas ações. Assim, o homem irá se compreender com e por meio de seu próprio ser. A própria atitude de se buscar compreender já é uma característica do *Dasein*, pois assim o homem estará se fazendo e sendo de uma determinada maneira que lhe é peculiar. Com isso, o caráter ôntico, de ser em si, e o caráter ontológico, de pensar esse ser, se unificam na condição humana através do *Dasein* heideggeriano.

Martin Heidegger (1889-1976) propõe a retomada da questão do ser, preterida pelas problemáticas do conhecimento e da ciência, visando reaver o sentido original – e essencial – do ser. E para conhecer o ser, o homem deve estar aberto à compreensão de si, reconhecendo que, em sendo, a própria existência é a base vivida do seu autoquestionamento: é a análise do *Dasein* (o Ser-Aí). Com isso, em Heidegger, temos a explicitação de que o homem se faz e atua – o primado ôntico – e é capaz de pensar a sua atitude – o primado ontológico. A existência só pode ser compreendida a partir dessa atitude.

A proposta de Heidegger, ao elaborar a questão do ser, de evidenciar a condição ontológica do homem em sua capacidade de se questionar, é básica no sentido de esclarecer que, sendo tal capacidade ôntica, ela já existe ao longo do cotidiano, mas sem necessariamente ser utilizada como base do repensar do homem em seus questionamentos. O ser irá, então, se definir, a partir do grau de questionamento que faz de si.

Em nosso entender, essência e existência estão amalgamadas no homem. Em Heidegger, a existência inicia o exercício de

---

20 J.P. Sartre, *O Existencialismo é um Humanismo*, p. 6.
21 Cf. M. Heidegger, *Ser e Tempo*.

ser. Ser implica a relação de si consigo se apreendendo em sua existência. Essa relação constitui a essência do homem. Logo, as essências são construídas historicamente ao longo da existência.

Tendo sido discípulo de Husserl, essa influência se faz presente em Heidegger ao desenvolver um pensamento sobre a condição essencial de ser do homem e sua manifestação em seu mundo interno, *Eigenwelt*, no mundo social, *Mitwelt*, e no mundo natural, *Umwelt*. A dinâmica desses três mundos é inerente e análoga à compreensão do ser, ou seja, é através da compreensão da sua inserção nessa dinâmica que o ser pode se conhecer e se reconhecer continuamente:

de acordo com um modo de ser que lhe é constitutivo, a Dasein tem a tendência de compreender seu próprio ser a partir *daquele* ente com quem ela se relaciona e se comporta de modo essencial, primeira e continuamente, a saber, a partir do "mundo"[22].

O existencialismo heideggeriano mostra como a própria atitude de pensar em si e sobre seus processos é uma característica essencial do homem. Nesse sentido, é notadamente voltado para o *Eigenwelt*, apesar da interdependência dos três mundos. Essa filosofia fornece os instrumentos e os caminhos para se pensar a base existencial constitutiva do ser.

Já em Sartre, o existencialismo é eminentemente compreendido com base na relação do homem com *Mitwelt*, o mundo social. Uma vez compreendida a base essencial de *Eigenwelt*, a responsabilidade pode ser evidenciada e repensada pelo ser a partir do conhecimento de seu mundo interno, que servirá de parâmetro para o entendimento do mundo externo, bem como para a formação de valores condizentes com a sua expressão. É nesse sentido que evidenciamos, em Sartre, o exercício da responsabilidade capaz de ser realizado em cada indivíduo, uma vez que vem como condição básica consequente de sua essência.

[...] para nós, o homem define-se antes de mais nada como um "ser em situação". Isso significa que ele forma um todo sintético com sua condição biológica, econômica, política, cultural etc. Não se pode dissociá-lo dessa situação porque ela forma e determina as possibilidades do

---

22 M. Heidegger, op. cit., p. 43.

homem, mas, inversamente, é o homem que dá sentido a sua situação escolhendo-se nela e por meio dela[23].

Em *O Ser e o Nada* Sartre percorre o caminho de evidenciação da proximidade entre a filosofia e a psicologia existencial. Sua análise da condição humana evidencia a necessidade de o homem apreender conscientemente a responsabilidade por dar sentido à sua existência. A consciência de si, por sua vez, se faz através da relação com o outro, quando da evidenciação de que o outro é um não-eu. O *Mitwelt* é o limite do ser. Porém, paradoxalmente, é a partir do deparar-se com esse limite que o ser se volta e se redescobre em seu *Eigenwelt*. Com isso, caberia a cada indivíduo buscar em si reafirmar o que é e o que faz para si e para os outros, construindo um sentido de existir. Assim sendo, o homem tem a liberdade de escolher como se faz para si, para os outros e para o mundo.

A liberdade é referenciada por Sartre como uma característica fundamental da existência humana que deve ser apreendida de maneira responsável e conscienciosa, vivendo autenticamente seu projeto de vida, e se recusando a viver papéis sociais impostos pelas normas convencionais. O indivíduo deve sempre fazer um exercício de reflexão acerca dos papéis e valores da sociedade, e se posicionar frente a eles, arcando com as consequências do seu posicionamento. A responsabilidade por si estende-se aos outros e volta para si, numa retroalimentação que cabe ao indivíduo manter com o mundo:

quando dizemos que o homem é responsável por si mesmo, não queremos dizer que o homem é apenas responsável pela sua estrita individualidade, mas que ele é responsável por todos os homens[24].

Essa responsabilidade inegoísta se faz presente na análise sobre Dilthey e Heidegger, feita por Marcuse. O autor aponta a historicidade como um fator fundamental, posto que o passado, o presente e o futuro são modos de ser da existência humana que possibilitam os fenômenos da compreensão, de apreender a si e aos outros, numa reflexão de dois mundos:

---

23 J.P. Sartre, *A Questão Judaica*, p. 6.
24 Idem, *O Existencialismo É um Humanismo*, p. 6.

Eigenwelt e *Mitwelt*²⁵. Trata-se, pois, de uma historicidade existencial. Esse conceito é que procuro trazer para junto da psicologia, numa perspectiva de promover a reflexão consciente das vivências de cada indivíduo e a sua expressão com os outros ao seu redor, visando ampliar a capacidade de compreender o outro, racional e emocionalmente, inerente ao ser humano.

A PSICOLOGIA EXISTENCIAL

Ao optar pela abordagem da psicologia existencial²⁶ como fundamentação teórica para a elaboração deste estudo, faço por suas características, dentre as quais destaco o entendimento compreensivista e circunstancial das situações vividas, pautado no método fenomenológico de investigação²⁷.

A psicologia existencial, representada por Rollo May, Erich Fromm, entre outros, foi a manifestação americana do movimento europeu existencial-analítico da *Daseinsanalyse*, representado por Ludwig Binswanger, Karl Jaspers e Victor Emil Frankl, entre outros, que por sua vez sofreu influência direta do existencialismo de Heidegger e Sartre. Claro está que a origem europeia de alguns dos representantes da psicologia existencial por si só já evidencia a influência do existencialismo europeu.

A perspectiva existencial de compreensão dos seres humanos pode ser remontada, na história ocidental, a Sócrates e a Pascal. Mas foi só no século XIX, com Sören Aabye Kierkegaard (1813-1855), que a necessidade de uma filosofia existencial se evidenciou. Os escritos de Kierkegaard, notadamente marcados pelos episódios de sua vida pessoal e por seus sentimentos trágicos, muito influenciaram o existencialismo contemporâneo, em especial o de Heidegger. A angústia é enfocada por Kierkegaard como condição ontológica, definindo-se, em última instância, como uma resposta do indivíduo frente à iminência de não-ser²⁸.

---

25 Cf. H. Marcuse, *Materialismo Histórico e Existência*.
26 Cf. R. May, *O Homem à Procura de Si Mesmo*; idem, *Psicologia Existencial*; idem, *A Descoberta do Ser*.
27 Cf. N. Campos, op. cit; J.H. van Den Berg, op. cit.
28 Cf. D.M. de Souza Filho; H. Japiassu, *Dicionário Básico de Filosofia*.

Na psicologia existencial, a consciência é a capacidade que o indivíduo tem de reconhecer-se frente à sua experiência de ser responsável pela sua própria escolha existencial – *Dasein*. O *Dasein* denota esta condição a cada momento do ser em seu tempo e espaço, passível de ser percebida pelo ser em sua existência. O termo "existência" provém do radical latino *ex-sistere* que significa "tornar-se, provir"[29]. Assim, apercebendo-se, o indivíduo se conscientiza da dinâmica fundamental da existência humana: a evolução do homem através de sucessivas transformações ao longo de sua história.

A perspectiva existencial em psicologia compreende o ser em sua capacidade de se aperceber e se conscientizar de seus pensamentos e de suas emoções, enfocando o ser humano numa perspectiva ontológica. Assim sendo, como Heidegger e Sartre, May também marca a existência humana na esfera de três mundos: *Umwelt*, *Mitwelt* e *Eigenwelt*.

O entendimento da dinâmica psicológica do indivíduo na esfera desses três mundos é a referência da psicologia existencial. O ser humano vive simultaneamente os três mundos e apresenta três modos simultâneos de ser no mundo[30]. Se o indivíduo é impedido de se manifestar em um deles, os outros dois são diretamente afetados. Portanto, a psicologia existencial propõe que o indivíduo tome consciência das implicações de suas ações nesses três níveis, pois aí reside o senso de responsabilidade aliado à capacidade que cada um tem de se fazer frente a si, aos outros e ao mundo ao redor.

O *Umwelt* é o mundo natural, que todos os organismos possuem, uma vez que é da ordem das necessidades biológicas, dos ciclos naturais do nascer e morrer, dormir e acordar. Segundo May, o homem sobreviveria nesse mundo mesmo que, hipoteticamente, não tivesse autoconsciência, através dos mecanismos de ajustamento e adaptação[31]. Mas, sendo autoconsciente, acrescentaríamos que o *Umwelt* é o mundo natural em que o homem, em sua contemplação, se apreende como ser vivente, participante da natureza, da própria emanação da vida.

---

29 Cf. N. Firmino, *Dicionário Latino Português*.
30 Cf. R. May, *A Descoberta do Ser*.
31 Ibidem.

O *Mitwelt* é o mundo dos relacionamentos entre os seres humanos. Aqui, os mecanismos de ajustamento e adaptação do *Umwelt* não satisfazem as necessidades do indivíduo. Não se trata de se adaptar, mas de cada indivíduo se perceber em suas relações interpessoais, nas quais as dinâmicas que lhes são próprias evidenciam a necessidade de transformação recíproca de todas as partes envolvidas, como ilustra Rollo May:

> Se eu insisto para que outra pessoa ajuste-se a mim, não a estarei tomando como pessoa, como *Dasein*, mas como instrumento; e, mesmo que eu me ajuste a mim próprio, estarei usando a mim mesmo como objeto. [...] *A essência do relacionamento é que no contato ambas as pessoas apresentem uma mudança.*[32]

O *Eigenwelt*, exclusivo dos seres humanos, pressupõe uma autoconsciência e é onde o homem pode pensar a si, aos outros e ao mundo ao redor, e aperceber-se da singularidade da construção desse entendimento. É onde o indivíduo irá conhecer-se em sua condição original de como vê e vive nesses três mundos.

Sendo interdinâmica a relação dos três mundos, quando *Eigenwelt* é omitido, as relações interpessoais tendem a se tornar superficiais e estéreis – como acontece todas as vezes que um indivíduo não se permite refletir e avaliar internamente o seu sentido pleno em cada vivência. Quando *Mitwelt* é omitido, temos a impossibilidade de o ser humano exercitar-se em sua identidade e, consequentemente, de exercer seu pleno potencial criativo – como se deu com os judeus durante o período nazista. Quando *Umwelt* é omitido, não há qualquer chance de sobrevivência – daí as preocupações com limites bélicos e ecológicos aos quais assistimos nas últimas décadas.

Consoante à perspectiva do eterno *devir* a partir do qual compreende o homem, Rollo May incita a sua participação nas constantes mudanças em cada sociedade de modo consciente, preservando seus sentimentos e sua parcela de responsabilidade, mantendo o compromisso de não abrir mão de si próprio, mesmo em situações adversas[33].

Sabemos o quanto pode parecer assustador ao indivíduo a responsabilidade sobre si, dada as implicações que daí decorrem.

---
32 Ibidem, p. 141.
33 Cf. *A Coragem de Criar*.

Mas, passado o susto inicial, a partir da tomada de consciência, tal responsabilidade é, na realidade, a grande saída que o indivíduo pode se proporcionar para o pleno desenvolvimento de suas potencialidades. A ideia de ter a si próprio em suas mãos deve ser entendida não como um fechamento, mas como a porta de entrada para o seu mundo interno de uma forma menos ameaçadora e mais segura. A partir daí, o indivíduo pode ir ao encontro de sua identidade, em si, junto aos outros e frente ao mundo.

Sendo capaz de compreender e se aceitar frente às suas potencialidades e limitações (*Eigenwelt*), o homem também passa a ser capaz de compreender as potencialidades e limitações dos outros (*Mitwelt*). A aceitação de sua condição inacabada e dinâmica propicia uma postura mais humilde frente ao outro, uma vez que não há uma verdade ou um entendimento absoluto da condição humana. Consequentemente, o respeito à existência e às verdades dos outros é um exercício passível de ser constantemente realizado para uma melhor compreensão e alocação de si e dos outros no entendimento da realidade.

Pelas suas preocupações, seu estilo direto de falar ao homem, seu olhar fenomenológico, que embasam as análises que elabora acerca do mesmo, Erich Fromm pode ser considerado também um representante da psicologia existencial. Com uma formação psicanalítica, percebemos através de sua bibliografia um afastamento paulatino das teorias freudianas, sem abandoná-las, porém procedendo a análises acerca do entendimento humano, não apenas sob esta óptica, mas também se aproximando da vertente analítica de cunho antropológico-existencial característico da psicologia existencial – sendo a reflexão crítica sobre o nazismo uma fonte para tais análises, inclusive com referências a um entendimento humanista da ética, anulada durante o período nazista[34].

Uma diferença que, para muitos autores, impediria a associação entre o existencialismo e o humanismo é a de que este implica numa visão apriorística de que o homem é essencialmente bom, que vai de encontro ao caráter não apriorístico do homem concebido por aquele. Entendo que o caráter *a*

---

34 Cf. E. Fromm, *O Medo à Liberdade*.

posteriori do homem, concebido pelo existencialismo, marca o seu ponto de dissidência do humanismo, uma vez que a existência precede a essência, e a essência imanentemente boa do homem, estabelecida pelo humanismo, é um pressuposto que o existencialismo não se propõe a sustentar. Neste, o homem é que se faz em sua existência não sendo considerado em si nem bom nem mau. Já no humanismo, o mal é visto como a desvirtuação do bem. Para a psicologia existencial, o homem se mostra como uma combinação do bem e do mal[35], e essa talvez seja uma questão básica que permeia todo o entendimento ontológico do homem.

Apesar da diferença entre as premissas da visão existencialista e da visão humanista, em ambas o destaque do enfoque psicológico é o homem e o entendimento ontológico de seus processos. Essa é a característica do movimento da Terceira Força em Psicologia que aproxima a psicologia existencial e a psicologia humanista, esta representada por Carl Rogers, numa alternativa de entendimento do homem frente ao behaviorismo e à psicanálise. Mais do que procedimentos e técnicas através dos quais se busca chegar ao homem, o movimento da terceira força lança mão do entendimento da condição humana a partir do reconhecimento de que a própria investigação psicológica é uma manifestação da condição de ser do homem. May salienta que na psicologia existencial o psicólogo deve continuamente analisar e esclarecer suas próprias pressuposições, a partir das redescobertas que surgem no contato com o outro[36] – como também preconiza Rogers[37]. Desse modo, vemos que o movimento da terceira força é abrangente e que para o parâmetro existencial convergem vários autores que se apercebem em sua vida e em seu trabalho pensando o homem em sua condição de ser.

Assim sendo, Viktor Emil Frankl, psicólogo judeu sobrevivente do Holocausto, fundador da logoterapia, a psicologia do sentido da vida, aborda a temática do Holocausto dentro de uma perspectiva existencial. Tendo sido prisioneiro em

---

35 Cf. R. May, *Psicologia Existencial*; V.E. Frankl, *Un Psicólogo en el Campo de Concentración*.
36 Cf. R. May, *Psicologia Existencial*.
37 Cf. C.R. Rogers, *Tornar-se Pessoa*.

campos de concentração nazistas, após a guerra, Frankl descreveu as suas experiências daquele período no livro *Ein Psycholog Erlebt das Konzentrationslager* (Um Psicólogo no Campo de Concentração).

Em seu relato, Frankl nos fala como um sobrevivente, mas em certos momentos também tece análises e comentários sobre a sua condição, bem como de seus companheiros e do homem em geral, exercitando a sua profissão de "médico da alma", que foi interrompida com a guerra. Nessa atuação, Frankl procurava incentivar seus companheiros a manterem acesos dentro de si um sentido e um motivo para continuar vivendo, alimentando-os de si próprios e de suas próprias vidas, sob pena de perdê-las. Tal exercício se fazia mister pelo grau de deterioração física e psíquica a que chegavam os prisioneiros, pois nada mais lhes restava: nem família, nem casa, nem trabalho, nenhuma perspectiva segura. Frankl propunha então uma saída paradoxal desse quadro, pois quando a vida é reduzida ao simples fato de existir, sem nenhum significado, ainda existe uma liberdade básica de escolher qual atitude tomar para com seu próprio destino. Isto significa que, mesmo não mudando o destino, existe dentro do indivíduo a vida psíquica que se desenrola até o seu último suspiro, na qual só existe ele e a sua maneira de se compreender frente ao seu destino. É a sua expressão de ser que é passível de continuar a existir no *Eigenwelt*, capaz de servir de alicerce para o ser continuar existindo no *Umwelt*, ainda que seja difícil ser no *Mitwelt*, dada a decepção frente à humanidade. Segundo Frankl, a consciência tem a capacidade de levar o homem a transcender a situação concreta imediata e viver em termos do possível – esta capacidade é que proporciona a liberdade psicológica. Com isso, Frankl procurava mobilizar seus companheiros a imaginar seus sonhos e perspectivas no futuro, já que o olhar para o passado em contraste com o presente conduzia ao limite de reação frente ao sofrimento.

No campo de concentração, aquele que já não pode crer num futuro, em seu futuro, está perdido. *Ao perder o futuro, perde o sustento espiritual, se deixa cair interiormente, e se degenera tanto corporal como psiquicamente.*[38]

---

38 V.E. Frankl, op. cit., p. 123-124. (Tradução nossa.)

Segundo Frankl, muitas vezes, tal falta de sustentação levava o indivíduo a cair repentinamente, sem que quaisquer apelos ou ameaças surtissem efeito. Simplesmente não mais respondia à vida. Tal estado é descrito por Arruda[39] como sendo o estágio de "muçulmano", último grau da síndrome de opressão assim diagnosticada por este autor em seu trabalho junto a judeus sobreviventes de campos de concentração residentes aqui no Brasil, como sendo o quadro psicológico resultante das condições às quais eram submetidos os prisioneiros judeus nos campos de concentração e extermínio. No estágio de muçulmano, o homem entra em fase terminal devido à opressão por fome e maus tratos (ver Glossário).

É através da crença num sentido futuro que Frankl, em sua prática nos campos de concentração, procurava manter vivos seus companheiros. Nem a todos conseguia tocar: a falta do presente falava mais alto. O sofrimento é uma condição ontológica do homem. É uma das tarefas de vida que cada indivíduo tem de viver por si: ninguém pode sofrer em seu lugar[40]. Quando perde a capacidade de responder ao sofrimento, o homem se dilacera e perde a capacidade de lutar pela vida. Mas o sentido existencial pode ser resgatado até mesmo frente à morte, com a elaboração do que ela representa para o indivíduo, de acordo com a sua *Weltanschauung*. Com isso, vemos que Frankl levou ao limite máximo as construções do sentido que um indivíduo faz para si mesmo a respeito da realidade que o cerca. É a captação da verdade existencial do indivíduo de si para si que serve de parâmetro de reflexão sobre como ser e se entender no mundo – é o referencial que não o deixa se perder de si.

Consoante ao método de investigação fenomenológico, para a psicologia existencial, os dados da consciência de um indivíduo constituem a sua realidade psíquica. Sejam puramente imaginários ou relativos ao real externo, não diferem na participação da construção da verdade existencial do sujeito[41]. O psicólogo existencialista baseia-se nas verdades existenciais construídas pelo indivíduo a partir de suas vivências para, junto com ele, realizar

---

39 Cf. E. Arruda, *Síndrome de Opressão*.
40 Cf. V.E. Frankl, op. cit.
41 Cf. E. Husserl, apud. N. Campos, *O Método Fenomenológico na Psicologia*, p. 19-20.

o exercício compreensivista reflexivo sobre os conteúdos dessas vivências. O nível existencial apresenta a significação em seu contexto histórico vivencial tal como é percebida de modo imediato, direto e consciente pelo próprio sujeito[42].
Tal é a essência da verdade existencial, construída pelo indivíduo e revestida pelos seus valores[43]. A decisão advinda da vontade de se conhecer implica um compromisso consigo mesmo em desvendar quais são suas verdades existenciais.

Segundo May, em concordância com a noção da relação de intencionalidade, o que importa ao indivíduo é a sua relação com a pessoa, a situação ou o fato que lhe acomete à consciência[44]. Se esses ocorreram ou não na realidade é indiferente para o indivíduo no que tange à construção de sua realidade subjetiva, de sua verdade existencial, sempre pautada no eixo de relações do indivíduo.

Se quisermos entender os aspectos biográficos, é neste plano que deveremos – pelo menos numa primeira aproximação – situar os determinantes da conduta. A própria história, em sua sequência, só pode ser entendida através de uma reconstituição ou evocação deste tipo de compreensão.[45]

Na realização das entrevistas, me pautei pelo respeito à verdade existencial, passada e presente dos sobreviventes. Minha preocupação, mais do que com fatos, se volta para captar a vivência, impregnada de emoções, de situações que marcaram profunda e bruscamente, levando a repensar a *Weltanschauung* quanto ao sentido do mundo e do que é o ser humano, a partir do estilo como cada indivíduo percebe e se apercebe em suas vivências. Segundo Maslow, um modo de entendimento do ser humano se dá exatamente penetrando na *Weltanschauung* do outro, isto é, buscando ver o seu mundo através de seus olhos[46]. Acrescentaríamos, continuando este processo de reflexão, que o indivíduo é capaz de se aperceber do quanto a sua *Weltans-*

---

42 Cf. F.L.P. Seminerio, *Diagnóstico Psicológico*.
43 Idem, A Crise da Psicologia Contemporânea, *Arquivos Brasileiros de Psicologia*, v.32, n.1, p. 13-29.
44 Cf. R. May, *A Descoberta do Ser*.
45 Ibidem, p. 69-70.
46 Cf. R. May, *Psicologia Existencial*.

chauung se modifica a partir do entendimento do outro. É nas trocas do *Mitwelt* que o indivíduo se apercebe em seu *Eigenwelt* e com isso se apresenta ao *Umwelt*.

O passado é o domínio de *Umwelt*, das forças contingentes, histórico-naturais e determinantes que agem sobre nós. Mas, desde que não vivemos exclusivamente em *Umwelt*, jamais somos meramente as vítimas das pressões automáticas do passado. *Os acontecimentos determinantes do passado assumem seu significado de acordo com o presente e o futuro.*[47]

Acredito que o leitor possa fazer tal reflexão contínua, ponderando sobre os processos existenciais dos judeus, dos nazistas e, em última instância, de si próprio, quanto às suas concepções existenciais advindas de tais reflexões.

---

47 Idem, *A Descoberta do Ser*, p. 153.

O Ser em Processo

Ao enfocarmos o genocídio ontológico preconizado e imposto aos judeus pelos nazistas, durante a Segunda Guerra Mundial, defrontamo-nos com uma visão parcializada acerca das relações humanas.

O nazismo fez muitas vítimas de diferentes origens, culturas, nacionalidades, tais como ciganos, negros, comunistas e, em alguns casos, até seus próprios partidários, e a partir de diversas justificativas – ideológicas, políticas, racistas, hierárquicas. Entretanto, de acordo com os registros históricos[1], os judeus sofreram um alijamento social com requintes de crueldade, que nem sempre incidiu sobre outros povos. O judeu foi o bode expiatório-mor dentro do esquema ideológico norteador do programa de governo do NSPAD (Partido Nacional-Socialista dos Trabalhadores Alemães). A própria condição de ser judeu implicava em um não-ser. Tal condição foi enquadrada em si como justificativa básica para o aniquilamento do referido indivíduo, independente de qualquer outra condição que esse pudesse ter, ou mesmo de contribuições que pudesse dar à sociedade, enquanto ser humano pleno-potencial que é: aos

---

1 Cf. B. Abraham, *Holocausto*.

judeus foi negada esta condição humana, sem lhes ser dada qualquer opção para viver, nem mesmo através da negação dessa identidade.

O nazismo primou, então, pelo aniquilamento da condição de ser de milhões de indivíduos. Nesse sentido, o grande genocídio foi intentado, primeiramente, no aspecto ontológico. A matança física, propriamente dita, foi perpetrada em consequência da assimilação da ideia, pelos nazistas, de que os judeus não seriam seres humanos.

O presente livro situa-se na apreensão desta condição imposta de não-ser, e frisa o que algumas pessoas, em cargos de comando, são capazes de realizar ao conduzir grandes massas e levar, às últimas consequências, suas práticas, quando desprovidas de consciência crítica e do binômio capacidade-responsabilidade por si e pela sociedade.

Buscamos um olhar para e com o outro, num incremento metacognitivo[2]. E é nessa direção que procuro compreender as vivências daqueles que, tendo sobrevivido ao Holocausto, ainda assim conseguiram reconstruir suas identidades e suas vidas, numa evidência de que, sob condições sociais não díspares, é possível o indivíduo se reerguer, uma vez que o referencial de identidade, sua força básica, não se encontre mais ameaçado nem impedido de existir, reforçando, então, suas possibilidades de ação.

Vale sinalizar a importância da busca dialógica[3] para a formação do eu-identidade íntegro, porque esse processo traduz o reconhecimento do ser, ou seja, incita a possibilidade de reconhecimento de si e do outro. Essa possibilidade foi anulada pelo nazismo, ocasionando os genocídios ontológico e material.

Acredito que tais práticas sociais ocorram pela falta do processo dialógico de esclarecimento em cada uma dessas pessoas que se colocaram a serviço de tais práticas, a começar por seus líderes[4]. Por conseguinte, as relações sociais estabelecidas por essas mesmas pessoas também não se davam numa busca de apreensão mútua: se tal ocorresse, não conseguiriam vislumbrar-se cometendo tais atrocidades.

---

2 Cf. F.L.P. Seminerio, Metaprocesso, *Cadernos do ISOP*, v.13.
3 Cf. M. Buber, *Do Diálogo e do Dialógico*.
4 Cf. T.L.W. Adorno; M. Horkheimer, *Dialética do Esclarecimento*.

É por acreditar que todo ser humano é potencialmente capaz de refletir sobre si, sobre os outros e sobre o mundo ao redor que passo a evidenciar os processos essenciais do homem, que o definem como tal e o diferenciam dos outros seres vivos.

Concebo o pensar e o refletir, conscientes, como capacidades essenciais, ontológicas do homem. No entanto, são recursos ainda pouco explorados pelo ser humano, em especial, no que tange à contribuição delas como facilitadoras das relações interpessoais. E é a partir dessa visão que busco incrementar o uso que cada indivíduo pode fazer dos processos constitutivos de si e de ser, através do reconhecimento destes, habilitando-o para práticas sociais com base em códigos éticos condizentes com a sua constituição.

O METAPROCESSO

Ao se expressar, o homem utiliza significantes que representam, e são imbuídos de significados a eles arbitrariamente associados[5]. Ao escolher se expressar através de dado significante para transmitir um significado almejado, o homem deixa transparecer o seu estilo pessoal de ser e de lidar com a língua e com o mundo. Claro está que nem sempre o indivíduo tem consciência de tal implicação – na realidade, só poderá vir a ter quando adulto. No entanto, podemos perceber que, embora tal processo não seja conscientemente utilizado ou controlado, o homem realiza operações cognitivas para se expressar.

Esses processos de abstração são realizados graças à capacidade mnêmica do homem cuja infinitude permite efetuar reflexões que poderão servir de base para um repensar que o leve a responsabilizar-se por si e pelos seus atos quanto ao próximo e o mundo que o cerca.

À medida que se desenvolve, o homem vai aos poucos se apercebendo dessas abstrações de que é capaz, bem como da continuidade delas. O mecanismo cognitivo inato que possibilita tal tomada de consciência é o metaprocesso, que propicia

---

5 Cf. F. Saussure, *Curso de Lingüística Geral*.

um controle progressivo e consciente dos usos inicialmente espontâneos da atividade reflexiva[6].

Esse conceito, atualmente presente na psicologia cognitiva, foi haurido dos estudos de Flavell[7] e Bruner[8] e traduz a capacidade metacognitiva da recursividade, isto é, de realizar reflexões contínuas, em diversos graus de abstrações subsequentes. Trata-se de "um comportamento de controle voluntário reflexivo e consciente sobre tudo o que é percebido ou pensado"[9]. Flavell, psicólogo norte-americano, cunhou os conceitos de metamemória e metacomunicação para definir processos psicológicos empiricamente conhecidos desde muitos séculos, mas nunca sistematizados ou utilizados para fins de tratamento teórico ou experimental no campo da psicologia.

O conceito de metamemória refere-se ao processo que toda criança desenvolve quando descobre procedimentos eficazes para memorizar; como, por exemplo, recitar em voz alta o que está lendo. Nesse momento, ela não estará apenas memorizando, mas também controlando conscientemente o seu processo de memorização.

O conceito de metacomunicação envolve o mesmo tipo de atividade psicológica aplicada não mais apenas à memória, mas a qualquer tipo de processo comunicativo. Temos, assim, a aplicação social do metaprocesso, tal como foi designado por Seminerio, envolvendo uma maior generalização não apenas aos processos de memória ou comunicação, mas a todo e qualquer processo cognitivo que se torna suscetível de ser controlado conscientemente.

Bruner, psicólogo dedicado inicialmente aos estudos da interferência emocional na cognição, fundador da *New Look in Perception*, partindo de um estudo sobre o teste de Rorschach, compatibilizou a teoria gestaltista da "Boa Forma" com a teoria psicanalítica responsável pela definição dessa "Boa Forma" perante a ambiguidade. Daí decorreu uma série de estudos sobre a teoria da ambiguidade em que se inclui o conceito de

6 Cf. F.L.P. Seminerio, Elaboração Dirigida, *Cadernos do ISOP*, v. 10; idem, A Metacognição e Seus Usos, *Arquivos Brasileiros de Psicologia*.
7 Cf. J. Flavell, The Development of Metacommunication, *Proceedings of the XXIst International Congress of Psychology*.
8 Cf. J.S. Bruner, *Uma Nova Teoria de Aprendizagem*.
9 Cf. F.L.P. Seminerio, Elaboração Dirigida, *Cadernos do ISOP*, v.10, p. 25.

personalidade autoritária de Adorno e Horkheimer[10]. A partir da década de 1950, Bruner entra numa segunda fase, caracterizada pelos estudos sobre o pensamento e suas estratégias. Numa terceira fase, volta-se basicamente para estudos sobre desenvolvimento e aprendizagem. Nessa, concentra-se em pesquisas na área educacional que apontam quão recompensador é para o aluno – bem como para o professor – a tomada de consciência do seu próprio estágio de aprendizagem e a aplicação criativa, em diferentes áreas, de um novo conteúdo aprendido[11]. Esse eixo de continuidade das significações, que operam na mente, impulsiona o indivíduo a se desenvolver com o seu saber.

É sob essa óptica que se destaca a importância do processo metacognitivo na aprendizagem. A relevância de Bruner recai, portanto, sobre a linguagem, uma vez que passa a permitir ao indivíduo, através da metacognição, desenvolver uma habilidade que possa ser usada de modo a expandir as suas potencialidades, a tomar conhecimento delas. A tomada de consciência a partir da linguagem, bem como a apreensão das próprias modificações que se operam no indivíduo quanto às suas capacidades e habilidades, necessitam de uma metalinguagem passível de guiá-lo na continuidade de como se entender e se perceber de forma potencial e criativa. Essa capacidade aperceptiva é potencialmente infinita.

Aqui, o intuito é promover uma aproximação dessa capacidade cognitiva, ontológica no homem, à dinâmica de funcionamento psíquico do indivíduo em sua participação no mundo, nos três níveis preconizados pela psicologia existencial[12]: *Eigenwelt, Mitwelt, Umwelt*. Para tanto, explicito que a tomada de consciência de si-consigo, com os outros e com o mundo ao seu redor perpassa por um apreender e por um repensar de informações e vivências que nos impregnam.

O engajamento com o outro nos coloca como corresponsáveis na relação construída. Mas, para esse engajamento ser mantido, ele deve ser sistematizado pela apercepção, pelo entendimento dessa relação, com a qual se encontra vinculado.

---

10 Cf. T.L.W. Adorno; M. Horkheimer, op. cit.
11 Cf. J.S. Bruner, op. cit.
12 Cf. R. May, *Psicologia Existencial*; idem, *A Descoberta do Ser*.

Essa sistematização pode ser implementada e incrementada através da utilização do metaprocesso.

Acredito que a capacidade metaprocessual possa atuar como instrumento de reflexão crítica[13], na qual o homem pode repensar seus valores, sua história e suas intenções em relação aos dados que cada situação vivenciada lhe venha a apresentar, buscando, assim, agir de modo a integrar os seus princípios e necessidades internas com as circunstâncias externas[14]. Tal prática incita um engajamento do indivíduo consigo e com os outros de modo mais responsável e participativo.

Essa estimulação deve ser apresentada mostrando ao indivíduo o ganho que terá ao realizar tal exercício: um resgate de si para si, numa relação dialógica interna que lhe proporcionará um tempo e um espaço de poder apreender o seu sentir, reconhecendo-se a si e ao conteúdo do sentir, num primeiro momento, para, num segundo momento, poder administrar conscientemente suas sensações no que tange à práxis subsequente, decidida e realizada com base numa identificação de si e das implicações de seus atos para si e para os outros. Se cada indivíduo realizar tal exercício, poderemos ter a chave para a instauração de uma moral pessoal, com consequentes desmembramentos para uma ética social mais cúmplice, com relações mais satisfatórias para todos:

pensando, e somente por este meio, podemos projetar nosso futuro individual e coletivo, fornecendo-nos por esta via a esperança de um porvir axiologicamente mais desejável. Insubmissa a interesses objetivos imediatos, a razão, definida como pensar estruturado, mas de qualquer maneira livre para eleger seus postulados, métodos e fins, preparada e disposta ao exercício da crítica, de fato, se apresenta como o melhor recurso disponível para a construção do futuro[15].

É nessa medida que desejo promover, a partir de uma dada situação revivida, e não apenas factual, – a do Holocausto – uma conscientização do que cada ser humano pode fazer em sua contribuição social e individual, explicitando os meios ao

---

13 Cf. F.L.P. Seminerio, Metaprocesso, *Cadernos do ISOP*, v.13.
14 Cf. R. May, *A Descoberta do Ser*.
15 H.R. Krüger, Estrutura Psicológica do Ato Moral, *Arquivos Brasileiros de Psicologia*, v.43, n.3/4, p. 19-31.

seu alcance, e demonstrando como está em suas mãos a capacidade de ser tão sublime ou tão nefasto. É o metaprocesso alicerçando o esclarecimento.

O ESCLARECIMENTO

Aufklärung, em alemão, encontrou sua melhor tradução para o português no conceito de "Esclarecimento". De acordo com o professor Guido Antônio de Almeida, tradutor do livro *Dialética do Esclarecimento*, de Adorno e Horkheimer[16], em ambas as línguas, tal conceito refere-se ao "processo pelo qual uma pessoa vence as trevas da ignorância e do preconceito em questões de ordem prática"[17].

Floriano de Souza Fernandes, ao traduzir um dos *Textos Seletos*[18] de Kant, qual seja, *Resposta à Pergunta: Que é Esclarecimento? (Aufklärung)*, de 1783, alerta para as diversas outras traduções do termo, tais como "iluminismo" ou "ilustração", entre outras já utilizadas, e atesta para a adequação do termo "esclarecimento", por ser o que mais se aproxima do aspecto essencial do conceito de *Aufklärung*, em alemão, a saber, "[...] o de ser um processo, e não uma condição ou uma corrente filosófica, ou literária, que a razão humana efetua por si mesma para sair do estado que Kant chama 'menoridade', a submissão do pensamento individual ou de um povo a um poder tutelar alheio"[19]. É enquanto processo que reconhecemos no conceito de *Aufklärung* a prática conscienciosa social passível de ser vivida pelos indivíduos.

A tomada de consciência das possibilidades de refletir e de agir consigo e com os outros com base em suas próprias elaborações, reconhecendo a responsabilidade por si e por seus pensamentos e ações, é o próprio processo de esclarecimento. A sua tradução para iluminismo, apesar de ser inexata, conforme atestada pelos tradutores acima referidos, deixa transparecer a perspectiva emancipatória que o reconhecimento desse

---

16 Cf. T.L.W. Adorno; M. Horkheimer, op. cit.
17 Ibidem, p. 7.
18 Cf. I. Kant, *Textos Seletos*.
19 Ibidem, p. 100.

processo ocasiona em cada indivíduo. É como se descortinasse diante de si um mundo de possibilidades de agir e de pensar maior. É a saída da "menoridade", assinalada por Kant:

> Esclarecimento [Aufklärung] é a saída do homem de sua menoridade, da qual ele próprio é culpado. A menoridade é a incapacidade de fazer uso de seu entendimento sem a direção de outro indivíduo. O homem é o próprio culpado dessa menoridade se a causa dela não se encontra na falta de entendimento, mas na falta de decisão e coragem de servir-se de si mesmo sem a direção de outrem. 'Sapere aude'! Tem coragem de fazer uso de teu próprio entendimento, tal é o lema do esclarecimento [Aufklärung].[20]

Aufklärung nos remete, primeiramente, a Kant, sendo por ele definido como um processo de emancipação intelectual do indivíduo resultante da superação da ignorância e da falta de coragem de pensar por conta própria, bem como da superação de críticas inculcadas por aqueles que se colocam como seus superiores[21].

Com o presente livro, objetivo estimular a apercepção dessa condição humana e a aplicação da mesma frente às questões sociais, conforme preconizada pela Escola de Frankfurt, que reuniu, em seu movimento de crítica à sociedade e à cultura contemporâneas, cientistas e filósofos alemães, dentre os quais Max Horkheimer, Theodor W. Adorno, Walter Benjamin, Herbert Marcuse, Erich Fromm, e mais recentemente Jürgen Habermas[22].

Adorno e Horkheimer utilizam o termo "esclarecimento" para "[...] designar o processo de 'desencantamento do mundo, pelo qual as pessoas se libertam do medo de uma natureza desconhecida, à qual atribuem poderes ocultos para explicar seu desamparo em face dela"[23]. O processo assim apresentado por Adorno e Horkheimer releva o saber, o poder de conhecer que reside em cada indivíduo, como a base para o entendimento do mundo. Insistem que tal processo deva acontecer em cada um, de forma crítica, para que não continuem a ocorrer subjugações de homens por outros homens:

20 Ibidem.
21 Cf. T.L.W. Adorno; M. Horkheimer, op. cit.
22 Cf. A.G. Penna, *Introdução à História da Psicologia Contemporânea*.
23 Cf. T.L.W. Adorno; M. Horkheimer, op. cit., p. 7-8.

a reflexão pode servir tanto à dominação cega como ao seu oposto. As reflexões precisam, portanto, ser transparentes em sua finalidade humana[24].

Para quebrar o ciclo das relações de subjugação, faz-se indispensável a tomada de consciência deste grau de responsabilidade e cumplicidade consigo e com outros. Mas também é o exercício de se pensar no lugar do outro que auxilia no vislumbre das consequências de seus atos e pensamentos: é o esclarecimento no encontro da busca dialógica.

A BUSCA DIALÓGICA

Martin Buber (1878-1966), filósofo judeu vienense, descendente de uma família de rabinos poloneses, elaborou uma filosofia que se pode classificar de existencialista, perpetuada em sua obra central *Eu e Tu*. Nela, Buber descreve vários aspectos envolvidos nas relações humanas, com ênfase para o diálogo passível de ser um encontro – quando um indivíduo reconhece a alteridade do outro e é também assim por ele visto e reconhecido. Diferencia esse diálogo daquele em que não há encontro pelo simples fato de cada indivíduo envolvido na relação não reconhecer o outro a ser compreendido em sua plenitude, a partir exatamente da sua condição de ser. Nesse caso, o outro é visto como "Isso".

Uma palavra-princípio é o par EU-TU. A outra é o par EU-ISSO no qual, sem que seja alterada a palavra-princípio, pode-se substituir ISSO por ELE ou ELA.
Deste modo, o EU do homem é também duplo.
Pois o EU da palavra-princípio EU-TU é diferente da palavra-princípio EU-ISSO.[25]

Tal diferenciação que Buber faz do homem e de suas relações confirma a perspectiva existencialista de que o homem se faz e é responsável pelo que se torna e pelas relações que constrói. Aqui, Buber marca a diferença qualitativa nas relações

---

24 T.L.W. Adorno, *Educação e Emancipação*, p. 161.
25 M. Buber, *Eu e Tu*, p. 3.

que cada ser – EU – pode construir, dependendo de como vê a si próprio e o mundo: com maior ou menor respeito e significação pelo que está diante de si, bem como por si mesmo.

As palavras-princípio não exprimem algo que pudesse existir fora delas, mas uma vez proferidas elas fundamentam uma existência.
As palavras-princípio são proferidas pelo ser.
Se se diz TU profere-se também o EU da palavra-princípio EU-TU.
Se se diz ISSO profere-se também o EU da palavra-princípio EU-ISSO.
A palavra-princípio EU-TU só pode ser proferida pelo ser na sua totalidade.
A palavra-princípio EU-ISSO não pode jamais ser proferida pelo ser em sua totalidade.[26]

Buber atesta para a condição de não-ser pleno, passível de ser vivida pelo indivíduo. Mostra a diferença que há entre essa condição fragmentada de ser e ver o mundo – "Eu-Isso" – e a concepção de ser íntegro para si e para os outros – "Eu-Tu" – com vias à construção de relações mais gratificantes e profícuas, posto que implicam um grau de exposição de si mais autêntico e verdadeiro. E uma vez que o outro também o faça, o reconhecimento e a aceitação do indivíduo enquanto possibilidade de ser por si só já é apaziguante e incrementa o exercício de ser perante o outro. Tal exercício é a concepção da busca dialógica buberiana.

O dialógico não é, como o dialético, um privilégio da atividade intelectual. Ele não começa no andar superior da humanidade, ele não começa mais alto do que ela começa. Não há aqui dotados e não-dotados, somente há aqueles que se dão e aqueles que se retraem. E aquele que se dá amanhã, nele não se nota isto hoje, ele próprio não sabe ainda que tem este algo dentro de si, que nós o temos dentro de nós, ele vai simplesmente encontrá-lo, "e encontrando-o surpreender-se-á".[27]

A disposição para se colocar no lugar do outro, a fim de compreendê-lo, é também despertada quando o indivíduo vivencia a compreensão de sua pessoa por outra. Nessa vivência o indivíduo reconhece a sensação de apaziguamento de se compreender e de ser compreendido. Revela-se emocionalmente, em seu interior, a importância dessa troca, que é dupla: a primeira

26 Ibidem, p. 3-4.
27 Idem, *Do Diálogo e do Dialógico*, p. 71.

consigo mesmo, que começa a revelar a saída de apaziguamento interno; e a segunda, a percepção de estar sendo compreendido na sua perspectiva por outra pessoa, que confirma aquela sensação de apaziguamento e ratifica a sua própria existência. É a descoberta de poder existir verdadeiramente, assumindo seu sentido pessoal de vida. A busca dialógica traduz-se nesta possibilidade de ser perante o outro – referência básica para uma existência individual e coletiva mais conscienciosa.

O dialógico não se limita ao tráfego dos homens entre si; ele é – é assim que demonstrou ser para nós – um comportamento dos homens um-para-com-o-outro, que é apenas representado no seu tráfego.

Assim sendo, mesmo que se possa prescindir da fala, da comunicação, há contudo um elemento que parece pertencer indissoluvelmente à constituição mínima do dialógico, de acordo com seu próprio sentido: a reciprocidade da ação interior. Dois homens que estão dialogicamente ligados devem estar obviamente voltados um para o outro.[28]

A questão existente, a partir dessa premissa de vivência pessoal, é a de que, na maioria das vezes, as pessoas, no seu cotidiano, não estão em condições de se colocarem entre parênteses a fim de captar o outro. Ao contrário, elas estão, sim, precisando e querendo muito mais ser ouvidas do que ouvir. E talvez não se deem conta de que isso as torna mais vulneráveis a quaisquer mensagens que ouvem, em especial, às que se lhe apresentam como soluções imediatistas para a resolução de seus problemas, sem o custo da responsabilidade. Apenas posteriormente é que o indivíduo poderá vir a notar a resultante dessa atitude: o perder-se de si.

Os que já estão familiarizados com o processo de troca compreensivista também continuarão com a necessidade de falar a outrem sobre a sua pessoa, nesse eterno exercício de autoconhecimento. Porém, nesses casos, a espera não é cega, havendo um maior entendimento de si e mais clareza quanto a quem, e sob que condições, procurar falar de si. Consequentemente, há a ponderação crítica quanto às mensagens que lhe chegam de fora.

Ao questionar por que aconteceu, e por que não aconteceria novamente um outro Holocausto, vi-me frente à necessidade de

28 Ibidem, p. 40-41.

refletir sobre o que cada um pode e deve fazer para que tal episódio não se repita. Optei por fazer uma obra de análise reflexiva na medida em que o pensar em si enquanto ser engajado e responsável, bem como no outro reconhecido como companheiro cotidiano, implica um grau de responsabilidade a partir de uma tomada de consciência necessária, que é mais facilmente entendida e aceita a partir de uma análise de um período histórico distanciado. Com isso, busco diminuir o efeito ameaçador e culposo que, num primeiro momento, pode surgir e detonar uma reação de evitação, em vez do engajamento esperado. Acredito que seja através desse olhar e desse engajamento que sociedades mais justas possam ser vividas por todos.

> O único poder efetivo contra o princípio de Auschwitz seria autonomia, para usar a expressão kantiana; o poder para a reflexão, a autodeterminação, a não-participação.[29]

Essa noção deve ser passada àqueles que não a vivem, mostrando-lhes o ganho imediato de conviver em trocas e reconhecimentos mútuos. À medida que compreendam que a reação não engajada consigo mesmos, com seus valores, espelha uma insatisfação em cadeia, e que a tomada de consciência crítica, através do exercício metarreflexivo, proporciona alternativas de ação construtivas para si e para os outros, os componentes de uma sociedade podem passar a interagir de modo mais equilibrado, a partir de uma ação cooperativa, e não corporativista. É a busca dialógica como embrião da ética humanista.

A ÉTICA HUMANISTA

Tenho por finalidade pensar sobre a necessidade de a psicologia atuar como um ramo de conhecimento fundamental na construção dos valores éticos de uma sociedade a partir do entendimento das relações individual, micro e macrossociais.

Não é meu intuito aqui pormenorizar o vasto campo da moral e da ética, mas tão somente evidenciar o parâmetro social da ética humanista, passível de ser reconhecido em

---

29 T.L.W. Adorno, op. cit., p. 125.

cada indivíduo, e por ele aplicado a partir dos seus processos ontológicos, com base em suas dinâmicas cognitivas e valorativas.

Por se basear no conhecimento da natureza do homem, e nas qualidades a ele inerentes, a ética humanista se apresenta como um código flexível, condizente com as potencialidades humanas, sempre criativas, reforçando a noção de que a ética, enquanto norteadora da qualidade de vida, deve ser reconhecida pelo indivíduo de si para si antes de exigir que os outros o façam.

A aproximação da ética à psicologia não é casual. Antes da categorização científica da psicologia, os pensadores éticos humanistas do passado eram filósofos e psicólogos e se baseavam na interdependência da compreensão da natureza humana e das normas e valores para o exercício da convivência[30].

Segundo Aristóteles, a ética se apoia na psicologia, uma vez que esta investiga a natureza humana: ética é a psicologia aplicada; é o cenário no qual irão se desenrolar as relações interpessoais, que refletem a dinâmica interna de cada indivíduo, passível de ser apreendida e repensada a partir dessas práticas.

Em suas práticas, o homem busca a realização de suas aspirações internas. Em Spinoza, o sentido da existência humana se dá na medida em que o indivíduo busca realizar suas potencialidades[31]. Pela sua constituição básica, pela sua própria natureza, o homem é um fim em si mesmo e não um meio para uma autoridade que o transcenda. Assim, ao se relacionar com seu semelhante, deve reconhecê-lo como um ser no qual também se processam ideias e paixões, ainda que susceptíveis de serem diferentes em seus conteúdos.

A potência pela qual uma coisa singular e, consequentemente, o homem, existe e produz algum efeito, não é senão determinada por uma outra coisa singular, cuja natureza deve ser conhecida mediante o mesmo atributo pelo qual se concebe a natureza humana. Nossa potência de agir, pois, de qualquer maneira que seja concebida, pode ser determinada e conseqüentemente favorecida ou reduzida pela potência de uma outra coisa singular que tenha conosco algo de comum.[32]

30 Cf. E. Fromm, *Análise do Homem*.
31 Cf. B. Spinoza, *Ética*.
32 Ibidem, p. 154.

Pelos processos de atualização, que se expressam no seu cotidiano, cabe ao próprio homem o compromisso com a verdade intrínseca ao seu ser. A negação de suas necessidades e a dissimulação de si conduzem a uma prática social desvirtuada de seus próprios valores e, consequentemente, da responsabilidade para consigo e para com os outros. A partir dessa atitude não compromissada, sua atuação deixa de ser baseada na sua verdade existencial, podendo tão somente ocorrer de modo fragmentado, constituído de jogos de palavras e justificativas rasas. É a porta para a mentira que Kant tanto condena: para uma sociedade justa, a atitude de cada indivíduo deve ter o compromisso com a verdade como premissa – um dever incondicionado consigo e com os outros:

cometo, por essa falsificação, que também pode ser chamada mentira (embora não no sentido dos juristas), em geral, uma injustiça na parte mais essencial do dever: isto é, faço, naquilo que a mim se refere, com que as declarações, em geral, não encontrem mais crédito, e, portanto, também todos os direitos fundados em contratos sejam abolidos e percam a força; isto é uma injustiça causada à humanidade em geral[33].

Dilthey destaca a ética como a aplicação necessária da filosofia, pois só assim ela será realmente útil ao homem. Neste sentido, a psicologia é um referencial necessário para a formação da ética social. Ao pensar o mundo e sua inserção nele, o homem está refletindo sobre si e se compreendendo nessa dinâmica.

No ser vivo, o pensar e o conhecer se encontram dentro de uma coesão estrutural que abrange desde a percepção do mundo exterior até uma adaptação recíproca entre o mundo exterior e ele próprio. Desse modo, também o compreender filosófico do mundo tem sua meta no agir.[34]

Como representante da psicologia existencial, Fromm reafirma o valor da ética humanista, agora a partir da inserção da psicologia como ciência passível de resgatar os preceitos humanistas com base em seus estudos sobre o homem[35].

33 I. Kant, op. cit., p. 120.
34 W. Dilthey, *Sistema da Ética*, p. 13-14.
35 E. Fromm, op. cit.

Entendo que a ética humanista não tem sido devidamente valorizada, sendo por muitos considerada como uma ingênua utopia – talvez porque seus princípios falem diretamente à constituição do ser, inerente a cada indivíduo.

Segundo Fromm, a ética humanista não é relativista em seus conceitos; ao contrário, é básica, pois quer falar diretamente à potencialidade natural do homem. Pondera um entendimento do homem com uma linguagem acessível a todos, uma vez que repousa sobre conceitos referentes à compreensão e valorização do ser – necessidade básica de cada indivíduo – entendido de modo inegoísta[36].

Numa crítica a esse caráter básico atestado por Fromm acerca da ética humanista, entendo que a natureza humana apresenta aspectos destrutivos, bem como construtivos, ou seja, ela em si também é relativa, como o próprio Fromm assinalara em outros escritos[37]. Porém, o ser humano apresenta uma potencialidade básica fundamental: a de se transcender para chegar a superar suas condições de destrutividade, contra si e contra os outros. Assim, ainda que a natureza do ser humano não seja uma nem absolutamente positiva, o homem pode construir e se fazer a partir das suas experiências em prol de uma visão capaz de evitar a destruição de outros e até de si mesmo.

A ética humanista se reveste de uma concepção imanente do ser humano. Busca-se uma postura de respeito à individualidade em sua essência. Nesta perspectiva, cada indivíduo, a partir do entendimento de sua própria natureza, deve ser capaz de não exigir que os outros se tornem como ele gostaria que fossem; nem que ele se torne, tão somente, aquilo que os outros possam querer que ele seja. Como há transformações cotidianas nas quais influenciamos e somos influenciados pelo comportamento dos demais, nos casos limites, quando encontramos resistências, podemos ser levados a querer impor as transformações, o que representa uma transgressão à ética humanista, principalmente, através do uso da força.

---

36 Ibidem.
37 E. Fromm, *Anatomia da Destrutividade Humana*.

A partir da análise específica do período nazista, Fromm[38], em concordância com as ideias de Spinoza[39] e Habermas[40], preconiza que na ética humanista só o próprio homem, e não uma autoridade a ele transcendente, pode determinar o critério do que é certo ou errado, tendo como base o valor do bem-estar comum a todos os homens. Em oposição a ela, descreve a ética autoritária como sendo um sistema que não se baseia na razão, mas sim no temor à autoridade, cujas decisões não podem nem devem ser discutidas e onde os interesses dos subordinados não são levados em consideração: as normas são pautadas sobre os interesses da autoridade.

Condizente com a ética autoritária, forma-se no indivíduo a consciência autoritária, heterônoma, que, aparentemente, lhe dá a segurança necessária para poder existir. Ele aceita as regras e proibições alheias e passa a obedecê-las como se fossem suas, pois considera seu dever obedecer aos mandamentos das autoridades às quais se submete, qualquer que seja o seu conteúdo[41].

O problema se evidencia quando os valores do outro entram em choque com os valores pessoais. Este é o momento em que o indivíduo deve começar um exercício de reflexão para procurar entender a si e ao outro, e não necessariamente ceder categoricamente só para si ou só para o outro. É a passagem da consciência autoritária para a consciência humanística, na qual o indivíduo age de acordo com a sua voz interna que lhe fala sobre as suas necessidades de crescimento e de atualização de suas potencialidades. Assim sendo, atua de maneira responsável e conscienciosa consigo e com os outros por compreender a necessidade de tal postura para uma existência mais apaziguante interna e externamente.

Entendo que o indivíduo, ao longo de seu desenvolvimento, pode passar pela fase heterônoma. Durante os primeiros anos de vida, a influência da cultura nos processos de socialização e educação é extremamente marcante e os valores adquiridos durante esse período, muitas vezes, norteiam a formação do

---

38 Idem, *Análise do Homem*.
39 B. Spinoza, op. cit.
40 J. Habermas, *Consciência Moral e Agir Comunicativo*.
41 Cf. E. Fromm, *O Espírito de Liberdade*.

indivíduo ao longo de toda a sua vida. Porém, à medida que se desenvolve, o homem expande suas capacidades de pensar e agir, construindo seu estilo pessoal de entendimento de si e do mundo ao redor, ainda que seja por ele influenciado. Isso não significa que sua consciência deva permanecer sob uma condição heterônoma. Acredito que todos possam iniciar o processo de tomada de consciência do compromisso consigo mesmos, rompendo amarras que travam o seu potencial criativo e cognitivo.

A metacognição, uma das capacidades humanas por nós preconizada, é um instrumento de reflexão passível de ser exercido sobre os conteúdos emotivos e valorativos de cada indivíduo. E esta capacidade reflexiva é que deve ser respeitada mutuamente. Logo, o reconhecimento, pelos outros, de que cada pessoa é capaz de refletir sobre quaisquer conteúdos aludidos à sua mente reforça a sensação de segurança de que é um ser capaz e produtivo.

É nesse sentido que se faz necessária uma revisão da Educação, objetivando priorizar esse exercício metarreflexivo já a partir das crianças, explicitando, na prática pedagógica, a capacidade associativa e criativa de pensar uma dada situação não apenas de uma única maneira[42]. Assim sendo, a escola tem um papel preponderante ao longo da formação do indivíduo. No entanto, tem, muitas vezes, priorizado sua função informativa, superpondo a transmissão quantitativa da informação ao objetivo básico da educação: estimular o pensar. Com isso, passa para o segundo plano o fundamento primordial da educação – o qualitativo de ensinar a pensar, ou seja, refletir acerca do modo como o indivíduo absorve informações. Se o aluno não é estimulado a refletir, ele deixa de ser agente, passando a ser apenas um espectador, e o processo informativo deixa de ser conscientizador para se tornar um fator de alienação.

Contrapondo-se a esse processo, o educador deve ser antes de tudo um instigador do conhecimento, tendo em mente que a educação só pode ser entendida como sendo um processo constante de exercício metalinguístico[43], de tal modo que haja uma recíproca dinâmica nos papéis de transmissor-receptor,

---

42 Cf. F.L.P. Seminerio, Elaboração Dirigida, *Cadernos do ISOP*, v.10.
43 R. Jakobson, *Lingüística e Comunicação*.

consolidando o caráter interativo do pensar: fundamento do indivíduo-sociedade.

O reconhecimento metaprocessual desse potencial metacognitivo como inerente ao ser poderá apenas ser dessa forma pensado num indivíduo adulto. Entretanto, a experiência de si atuando de modo metarreflexivo pode ser vivida pela criança no ambiente familiar e continuada na escola, ainda que sem a consciência desse processo, naquele momento. A tomada de consciência das consequências de seus atos pode ser evidenciada já a partir da fase de socialização, necessitando para isso de uma participação efetiva do adulto como mediador. Daí ser necessário um repensar da educação e do papel do professor como agente de promoção dessa capacidade metacognitiva[44]. À medida que vai crescendo, a criança vai se deparando com uma série de valores sociais. Uma vez que seja capaz de ponderar mais de uma possibilidade de como pensar suas vivências em quaisquer situações, a própria absorção dos valores também poderá ser assim vivenciada. Esse aspecto é que pode e deve ser continuamente estimulado junto aos jovens adolescentes, de modo que a educação passe a exercer esse papel primordial de levar o indivíduo a se aperceber de sua capacidade de reflexão crítica.

Posteriormente, à medida que já se apercebe em sua habilidade criativa de pensar, o indivíduo passa a poder aplicar essa capacidade a quaisquer conteúdos vivenciados, realizando um constante exercício de se repensar frente ao mundo, inclusive buscando retransmitir essa capacidade metaprocessual[45].

Mas, quando pessoas e/ou instituições se sentem ameaçadas por tal capacidade, passam a querer controlar e direcionar os pensamentos, e até os caminhos das reflexões alheias.

Para que a autonomia e o referencial reflexivo em cada indivíduo sejam mantidos, acredito que cada um deva procurar não apenas nos outros a confirmação de suas capacidades, mas antes apreender que, para não se deixar levar por quaisquer manipulações de ideias, deve ter, como parâmetro de julgamento interno, as suas próprias apreensões emocionais, num

---

[44] Cf. H.O. Beyer, A Abordagem Psicossocial do Desenvolvimento Cognitivo Segundo Reuven Feuerstein, *Revista Integração*, v.15, n.6, p. 42-49.
[45] Cf. F.L.P. Seminerio, Metaprocesso, *Cadernos do ISOP*, v.13.

exercício de se aperceber se seus pensamentos encontram-se de acordo com seus sentimentos. É, pois, neste ponto que encontraremos os valores éticos humanistas baseados num bem-estar de autopreservação extensível àqueles ao seu redor, céticos em relação ao uso da força, uma vez que é ela exatamente o desvirtuamento da razão e das emoções do homem[46].

A tomada de consciência de si, de seus valores e uma ação condizente com essa consciência propiciam relações micro e macrossociais mais profícuas. Busco elucidar essa possibilidade na prática, incitando o leitor a realizar tal exercício já a partir do repensar a situação histórica delimitada através de relatos dos sobreviventes.

Nosso agir moral é também condicionado pela apercepção, ativada por interpretações que concedemos a situações e fatos diversos, sobretudo de nossa relação com eles, sendo por isso sua principal característica a possibilidade de nos tornarmos objeto de reflexão pessoal. Em outras palavras, é desse processo que resulta a consciência de si...[47]

Assim, partimos do entendimento da dinâmica individual para daí compreendermos a dinâmica social. As entrevistas com sobreviventes do Holocausto se propõem a percorrer este caminho, exemplificando tal exercício compreensivista. É através da atenção ao outro que conseguimos compreendê-lo. E é através da compreensão de suas condições, necessidades e aspirações que podemos vislumbrar o quadro social que serve de palco para a realização de todo ser humano.

---

46 Cf. E. Fromm, *O Espírito de Liberdade*.
47 H.R. Krüger, Estrutura Psicológica do Ato Moral, v.46, n.3/4, p. 25.

Uma Questão Estigmatizante

A afirmação de que "os judeus se deixaram levar como gado em direção ao abatedouro", durante o Holocausto, há muito é abordada por Arendt[1], Beauvoir[2], entre outros autores. A finalidade deste livro é responder, de forma crítica, a essa questão percebida como imbuída de um caráter generalizador e estigmatizante.

A questão se apresenta dessa forma devido à sua proximidade com a visão que norteou a maneira pela qual os nazistas trataram os judeus durante o Holocausto: como não humanos. Assim, à medida que estigmatizaram os judeus, os nazistas os discriminaram e reduziram suas chances de vida[3]. No entanto, isso não implica em que os judeus tenham se sentido como tais e, simplesmente, se entregado aos seus algozes, mesmo se apercebendo da condição que lhes estava sendo infligida.

Pela dificuldade de se pensar o Holocausto, dado o seu caráter inumano, muitas vezes, é a própria condição do judeu como vítima que passa a ser questionada, numa busca de tentar entender que razões deram para receber tal tratamento. É

---

1 H. Arendt, *Eichmann em Jerusalém*.
2 J.-F. Steiner, *Treblinka*.
3 E. Goffman, *Estigma*.

difícil para o homem de hoje conceber e aceitar que durante o nazismo a condição de ser judeu foi, por si só, considerada como um crime a ser devidamente punido.

A desmesura do mal praticado acaba sendo uma justificativa para o mesmo: a consciência irresoluta consola-se argumentando que fatos dessa gravidade só poderiam ter ocorrido porque as vítimas deram motivos quaisquer para tanto, e este vago "motivos quaisquer" pode assumir qualquer dimensão possível.[4]

Segundo Goffman, "estigma" é definido como um atributo que torna o indivíduo, ou grupo, diferente dos outros elementos que pertencem à categoria da qual foi excluído. Esse atributo passa a definir o indivíduo como sendo menos desejável ou até totalmente mau e perigoso, reduzindo-o de modo depreciativo, sem dar chance de serem reconhecidas outras características, positivas e produtivas[5].

É para combater a tendência de uma visão estigmatizante e distanciada acerca dos judeus que proponho uma aproximação com eles: o estigma parcializa e cristaliza a maneira de ver e perceber o indivíduo, ou grupo, sobre o qual incide. A estigmatização é uma forma de classificação social na qual um grupo ou indivíduo é identificado por outro através de características negativas ou depreciativas de acordo com o critério de quem o classifica[6]. Ora, ao se cristalizar essa visão parcial e rígida, como poderá o grupo ou o indivíduo estigmatizado fazer valer outra concepção acerca dessas características? Faz-se necessário que o outro se permita olhar para aquela questão sem as premissas estigmatizantes.

O perigo do estigma é tal que, pelo seu forte apelo ao imaginário, reduz o próprio ser sobre o qual incide, e reduz as capacidades de pensar aquele ser por parte das pessoas que o estigmatizam. Ou seja, a cristalização do estigma reduz o seu agente – por não dar margem para o repensar de sua atitude, sob pena de ver ruir a ideia que veicula – e reduz o estigmatizado, que só é visto através de uma imagem pré-concebida frente à

---

4   T.L.W. Adorno, *Educação e Emancipação*, p. 31.
5   Cf. E. Goffman, op. cit.
6   G. Velho, *Desvio e Divergência*.

qual a sua possibilidade de combate social fica comprometida por depender exatamente da mudança de ponto de vista daqueles que não lhe querem dar ouvidos. Com isso, toda a possibilidade de comunicação e do repensar social ficam comprometidas.

Durante o período nazista, a imagem do judeu como traidor da pátria foi incrementada, com requintes de depreciação: desde características físicas até repetidas associações ideológicas, sua imagem foi sendo fossilizada sob a opressão do estigma. Uma única visão, veiculada repetidamente, sem possibilidade de ser repensada, termina por se inculcar no imaginário coletivo como uma verdade[7], tal como esta, propagada por Hitler:

> Todas aquelas coisas nobres pelas quais o ser humano luta: a religião, o socialismo, a democracia, resultam meios para a satisfação de sua (do judeu) meta: dinheiro e ambição de poder.[8]

Observamos, com base nessa afirmativa de Hitler, que suas ideias estigmatizavam os judeus; entretanto, poderiam ser atribuídas a qualquer grupo ou indivíduo, inclusive a ele próprio e a seu grupo.

O nazismo não deu opções nem justificativas às suas vítimas. Ele impôs uma restrição inconteste sem se preocupar sequer se aquelas pessoas se sentiam como tais, judeus. Criou uma identidade categorizada e, por ela mesma, aniquilou aqueles que pertenciam ao seu enquadre de identidade. Por conseguinte, as vítimas do nazismo foram impedidas de se pensar como pessoas passíveis de viverem dentro dos padrões mínimos de humanidade. Para a sociedade que os cercava, eles não poderiam ter mais a si mesmos nem forças para se rebelar: o que eles eram não servia para ser humano. Paradoxalmente, terminaram por ser testemunhas oculares das maiores atrocidades e ações desumanas cometidas por seus algozes. Isso tudo legitimado socialmente!

As diferenças individuais e outras possibilidades de entendimento do referido grupo não encontram lugar no processo de estigmatização. Quando se tratava de judeus, não importava

---

7 Cf. G. Le Bon, *Psicologia das Multidões*; S. Freud, Psicologia de Grupo e a Análise do Ego, ESB, v. XVIII.
8 D. Bankier, *El Tercer Reich y La Cuestion Judia*.

aos nazistas qualquer tipo de diferenciação de postura política ou grau de religiosidade:

> os nazistas fizeram do simples nome (judeu) uma causa necessária e suficiente. Não perguntaram se já se tinha ido algum dia à sinagoga, se os filhos sabiam alguma coisa de hebraico. O antissemita não é teólogo; mas sua definição inclui tudo. Assim todos teríamos ido juntos, o ortodoxo e eu [9].

O nazismo é a hipérbole do antissemitismo. Para Sartre, o antissemitismo não é uma tomada de opinião, mas sim uma escolha de vida do indivíduo. Ele passa a ver o mundo a partir dessa premissa. Isso porque, pela sua rigidez, o antissemita estabelece soluções e atribui culpas dos seus males e dos males do mundo a outrem, buscando fugir da responsabilidade de sua participação.

> É um homem que tem medo. Certamente não dos judeus; mas de si mesmo, de sua consciência, de sua liberdade, de seus instintos, de suas responsabilidades, da solidão, da mudança, da sociedade e do mundo – de tudo, exceto dos judeus.[10]

Ao atentar para a criação do estigma do judeu na França, Sartre salienta a irracionalidade do antissemita. Isso porque, pelo próprio caráter fragmentário e estático do estigma, a justificativa que o permeia é rasa e irrefletida. O antissemita apresenta um pensamento rígido porque, se assim não o for, há de se deparar com sua inconsistência. A rigidez é a defesa necessária para a manutenção da irracionalidade:

> se o antissemita é [...] impermeável à razão e à experiência, isso não se dá porque sua convicção seja grande; antes, sua convicção é grande porque primeiro ele escolheu ser impermeável.[11]

Ao projetar em outrem a culpa por todos os males, o antissemita mostra-se incapaz de lidar consigo mesmo, de descobrir-se em suas fraquezas, passando a viver uma fantasia de

---

9   G. Steiner, *Linguagem e Silêncio*, p. 119.
10 J.-P. Sartre, *A Questão Judaica*, p. 35-36.
11 Ibidem, p. 16.

grandeza que não se sustenta, gerando mais medo de si e ódio aos demais.

Tal modelo exterior o dispensa de procurar sua personalidade dentro de si; preferiu estar todo no exterior, nunca voltar-se para si mesmo, ser apenas o medo que provoca nos outros – mais do que fugir à Razão, ele fugiu à consciência íntima de si mesmo.[12]

Desde 1919, conforme atestado em suas correspondências[13], Hitler polarizava na figura do judeu as críticas e a culpa de todo o mal econômico, político e social que assolava o mundo e, em especial, a Alemanha. Valendo-se do antissemitismo, há muitos séculos presente nas regiões vizinhas[14], propagava uma imagem do judeu como sendo o mal social a ser extirpado da humanidade.

Quem quiser libertar o povo alemão de seus vícios de hoje, das manifestações estranhas à sua natureza, precisa livrá-lo do causador desses vícios e dessas manifestações.
Sem o mais claro conhecimento do problema racial e do problema dos judeus, não se poderá verificar um reerguimento do povo alemão.
A questão das raças fornece não só a chave para compreensão da história universal mas também para a da cultura humana em geral.[15]

Para justificar a sua teoria racial, os requintes na inversão de informação chegavam ao ponto de acusar previamente o judeu da escusa atividade de manipulação de informação, referindo-se às informações políticas e econômicas que os jornais veiculavam, retratando uma realidade de difícil superação desde o término da Primeira Guerra Mundial. Ora, esse era o quadro histórico da Alemanha; essa era a realidade com a qual o povo alemão estava insatisfeito, inclusive os próprios judeus alemães, como cidadãos que eram. A aparição de um culpado por tal situação direcionava, para um ponto, a frustração interna vivida pelos indivíduos.

Antes que viesse a ser acusado de manipulação ideológica – sobre os judeus, sobre outras raças (conforme preconizou), ou

12 Ibidem.
13 Cf. D. Bankier, op. cit.
14 Cf. M. Margulies, *Gueto de Varsóvia*.
15 A. Hitler, *Minha Luta*, p. 218.

mesmo sobre os alemães – Hitler defendeu-se acusando os judeus de manipular as informações. Tudo o que de ruim fosse dito acerca de uma difícil realidade sociopolítica-econômica, antes de ser entendida como tal, era explicado como sendo uma mentira propagada pelos judeus.

> Seu meio (dos judeus) para o combate é aquela opinião pública que não se vê expressa pela imprensa, e sim dirigida e falseada por ela.[16]

Ao propor um repensar sobre a questão do comportamento dos judeus, enquanto vítimas do nazismo, intento reconsiderar as condições de vítimas e algozes de uma maneira circunstanciada, a começar pela própria abordagem da questão, tida aqui como estigmatizante. Isso porque essa questão traz em si uma ambiguidade, podendo ser dita como uma evasiva ou como uma acusação. No entanto, mesmo a evasiva carrega em si uma acusação, acabando por estigmatizar os judeus, como o fez o nazismo.

Como entender o extermínio de seis milhões de pessoas[17] – número este já questionável, podendo ser ainda maior – subjugadas a uma mesma condição de não-ser? Para isso, proponho uma incursão à vida dessas pessoas, antes, durante e depois dessa mudança processada em suas vidas. Nesse caminho, busco que se façam presentes os processos ontológicos do homem, numa prática de elaboração de nós mesmos frente à história e a outros seres humanos.

> A elaboração do passado como esclarecimento é essencialmente uma tal inflexão em direção ao sujeito, reforçando a sua autoconsciência e, por esta via, também o seu eu.[18]

---

16 D. Bankier, op. cit, p. 2.
17 Cf. H. Arendt, op. cit.
18 T.L.W. Adorno, op. cit., p. 48.

Uma Análise Contextualizada

Ao investigarmos o Holocausto, deparamo-nos com um limite: a proibição de existir imposta a milhões de seres humanos. Sendo um regime totalitarista, o nazismo direcionou a possibilidade de as pessoas pensarem o que podem ser, e como podem ser, para conseguirem viver.

Apesar de ter por objetivo desfazer uma imagem estigmatizante acerca do comportamento dos judeus durante o Holocausto, a compreensão de algumas variáveis que contribuíram para o comportamento dos nazistas, os algozes deste período, também se faz necessária para complementarmos o conjunto da situação em análise, pois tanto vítimas quanto algozes são componentes dessa situação e devem ser repensados.

> Unicamente através da experiência prática é que se pode aprender aquela peculiar combinação democrática de conduta que inclui responsabilidade para com o grupo, capacidade de reconhecer diferenças de opinião sem considerar a outra pessoa um criminoso, e disposição para aceitar crítica de maneira realista, ao mesmo tempo que, ao criticar, levar em conta os sentimentos dos outros. A tentativa de mudar um único elemento levará apenas a uma situação em que o peso dos demais elementos restabelecerá o padrão total anterior.[1]

1 K. Lewin, *Problemas de Dinâmica de Grupo*, p. 68.

Para entendermos a vitória do Nacional-Socialismo nas eleições de 1933, na Alemanha, precisamos compreender as expectativas que cercavam os alemães. O povo alemão saiu da Primeira Guerra Mundial, além de derrotado e arrasado economicamente, humilhado. Tal sentimento foi propício para o crescimento de ideias nacionalistas. A República de Weimar, estabelecida após a Primeira Guerra Mundial, não respondeu a esse anseio nacionalista[2], já que o cidadão desiludido não conseguiu exercer a sua participação social com autodeterminação, por ter sido destruída a imagem de sua nação. Como entendê-la? Como imaginá-la? Por que lutar por ela?

Em 1915, Freud, na condição de cidadão austríaco, escreveu *Reflexões Para os Tempos de Guerra e Morte*, registrando a sua decepção com relação à aparente estrutura social bem arquitetada, no que tange aos acordos de cavalheiros que rezam as regras de bom entendimento entre os povos e as nações. Ainda teríamos alguns anos de Primeira Guerra Mundial pela frente, mas a situação cotidiana de um Estado em guerra já estava consagrada.

Sua perplexidade com relação à conduta do povo alemão transparece em seu texto. Temos a indignação de um cidadão que ainda busca a referência desse povo nos moldes do mais alto nível cultural, a ponto de citá-lo como um daqueles que ditam a ordem, o progresso cultural e social da humanidade. Freud insiste em ver a atitude da Alemanha na Primeira Guerra Mundial como um deslize, dada a tradição cultural de seu país:

(a guerra) trouxe à luz um fenômeno quase incrível: as nações civilizadas se conhecem tão pouco, que uma pode voltar-se contra a outra com ódio e asco. Na verdade, uma das grandes nações civilizadas é tão universalmente impopular, que realmente se pode tentar excluí-la da comunidade civilizada como sendo "bárbara", embora de há muito tenha provado sua adequação pelas magníficas contribuições que prestou a essa comunidade. Vivemos na esperança de que as páginas de uma história imparcial venham provar que essa nação, em cuja língua escrevemos e para cuja vitória nossos entes queridos estão combatendo, foi precisamente aquela que menos transgrediu as leis da civilização. Mas numa época como essa quem ousará erigir-se como juiz em causa própria?[3]

---

2   Cf. P. Gay, *A Cultura de Weimar*.
3   S. Freud, Reflexões Para os Tempos de Guerra e Morte, ESB, v.XIV, p. 315.

A indignação de Freud se fez sobre a Alemanha da Primeira Guerra Mundial. O que dizer da participação dessa nação durante a Segunda Guerra Mundial? Segundo Burns, tal visão acerca do avanço cultural e artístico alemão, que perdurou até antes da Primeira Guerra Mundial, era ansiada pelo povo alemão, que ficou, de 1918 até 1933, sem autorreferência, buscando a si próprio num passado cada vez mais distante, agravado pelos resultados deste confronto[4]. De 1919 até 1933, ao longo de sua campanha, Adolf Hitler, austríaco, nascido em Graz, trabalhou de modo a incentivar as pessoas a acreditarem no retorno da Grande Nação Alemã, que estava perdida na mente e no coração de seus integrantes. A promessa de tal retorno, ou seja, a resposta à necessidade latente e emergente de um povo foi o primeiro grande êxito de Hitler[5].

Fromm faz restrições a essa visão, acerca da insatisfação do povo alemão, quanto às resoluções do Tratado de Versalhes e à derrota da Primeira Guerra Mundial como motivadoras da ascensão do Nacional-Socialismo. Tendo nascido na Alemanha e emigrado para os Estados Unidos em 1934, Fromm faz uma análise do quadro social da população alemã nas três primeiras décadas do século XX. Com conhecimento das características culturais das classes sociais, ele afirma que a classe média-baixa alemã aproveitou-se desses fatos para incutir na classe operária uma frustração que pertencia mais a si própria, pela sua condição social de classe emergente. Segundo Fromm, apesar de ter achado injusta a resolução do Tratado de Versalhes, a classe operária não se sentiu tão amargurada quanto a classe média, porque a derrota na guerra significava também a derrota do regime anterior, com o qual os operários não estavam satisfeitos. No entanto, a polarização para esses dois fatos exacerbou o sentimento nacionalista, apresentando-o como uma solução para a imagem negativa da Alemanha, mas que, na verdade, escondia outro problema: a falta de sustentação econômica da classe média. Com isso, vemos que houve uma parte da população: a classe média-baixa, que participou da emergência do Nacional-Socialismo visando seus próprios

---

4 Cf. E.M. Burns, *História da Civilização Ocidental*.
5 Cf. D. Bankier, *El Tercer Reich y La Cuestion Judia*.

interesses. Não tendo a clareza desses interesses, a classe operária entendeu os anseios da classe média como sendo anseios nacionais, filiando-se ao Nacional-Socialismo[6].

O ressentimento contra Versalhes teve sua base na classe média inferior; o ressentimento nacionalista foi uma racionalização, projetando a inferioridade social em inferioridade nacional.[7]

Uma vez identificada essa necessidade, individual e coleticva, de pertencimento à nação, advém a responsabilidade de como tratar tal necessidade. Mas no caso de Hitler, ele foi visto como um meio de concretizar um objetivo pessoal, de usufruto de poder – segundo alguns autores, em função de desvios patológicos de sua personalidade[8] – mais do que a própria reconstrução da Alemanha, tão anunciada por ele em seus discursos. Isso porque sua plataforma política, "a reconstrução", foi em si uma violentação, exatamente contrapondo com toda a tradição cultural que o seu povo aclamava.

Algumas análises descrevem as relações de poder em função de dinâmicas patológicas individuais e interpessoais. Fromm apresenta uma análise psicanalítica da cadeia de relações de poder dentro do regime autoritário hitlerista, como sendo de caráter sadomasoquista, provocado pela incapacidade do indivíduo em sustentar-se sozinho, em superar sua solidão, levando-o a cercar-se de relações que venham a lhe garantir segurança.

A sede sádica de poder aparece multiforme em Hitler em "Mein Kampf". É característica da relação de Hitler com as massas alemãs, a quem ele despreza e "ama" de maneira tipicamente sádica, bem como seus adversários políticos face aos quais demonstra os elementos destrutivos que são um componente importante de seu sadismo.[9]

O Estado nazista foi constituído com tal hierarquia que todos tinham alguém acima a quem se submeter e alguém abaixo sobre quem exercer seu poderio. Hitler, o *Führer*, exercia

---

6 Cf. E. Fromm, *O Medo à Liberdade*.
7 Ibidem, p. 173.
8 Cf. T.L.W. Adorno; M. Horkheimer, *Dialética do Esclarecimento*; E. Fromm, *A Anatomia da Destrutividade Humana*.
9 E. Fromm, *A Anatomia da Destrutividade Humana*, p. 177.

a liderança máxima, e imediatamente inferior a ele estavam os seus assessores que encabeçavam a longa escada hierárquica na qual não faltou espaço para as massas, cujo alvo eram as chamadas minorias políticas e raciais consideradas nocivas ao sistema e ao mundo. Em última instância, todas as hierarquias arianas se unem acreditando em sua superioridade em relação ao resto do mundo[10].

No entanto, acredito que a relação de poder se faz atraente ao homem, não sendo privilégio dos desviantes. A força da ambição é íntima à vontade, ontológica no homem. Quando aplicada às relações macrossociais, caberá ao indivíduo em posição de comando administrá-la conscienciosamente, assumindo-se num exercício dialógico com os outros ao redor, sob pena de se tornar um totalitarista.

O nazismo foi, gradativamente, evidenciando seu caráter político totalitário e um programa social racista, valendo-se, para isso, de propaganda, de manipulação de informação, e do terror generalizado, transformando em racional o irracional[11], refletindo e expressando a estrutura irracional do homem de massa[12], que sufoca a racionalidade crítica do indivíduo.

Em seus discursos, Hitler apresentava um encadeamento lógico no qual o conteúdo consistia em inversões acerca de suas intenções, ao acusar os inimigos de realizar ações por ele mesmo preconizadas como seus objetivos. Nessa postura defensiva, o líder, na ânsia em fazer crer que o conteúdo dito não era uma inversão, caía num empenho emocional desesperado, levando as massas a acreditarem na sua mensagem pela contaminação da carga expressiva[13].

Hitler preconizava a raça ariana, descrevendo-a em suas características físicas, nas quais ele mesmo não se enquadrava; propunha a reconstrução da Alemanha através de guerras. Esse discurso incoerente e fragmentado encontra eco no indivíduo que apresente um pensamento parcializado e que se deixe levar, primordialmente, pela carga emocional subjacente ao discurso de seu líder, constituindo-se num elemento formador

---

10 Ibidem.
11 Cf. T.L.W. Adorno, *Educação e Emancipação*.
12 Cf. W. Reich, *A Psicologia de Massas do Fascismo*.
13 Cf. E. Fromm, *O Medo à Liberdade*.

das massas. Nesse caso, não realizando o dialogismo interno de si para si a fim de se apreender em seus processos, o indivíduo fica à mercê de quaisquer propostas alheias que se lhe apresentem como solução para os seus conflitos. Com seus discursos contraditórios, Hitler incrementou a fragmentação da qual ele próprio fora vítima, abarcando adeptos para uma ação genocida na qual, ao final, serão desiludidos.

Acredito ser o homem infinito em suas possibilidades de ação e criação em termos de potencialidades ontológicas. Contudo, tais potencialidades são canalizadas de acordo com padrões de conduta social, visto que todos os aspectos do comportamento humano tomam parte no processo de socialização[14]. Verifica-se, então, a enorme influência e necessidade social em cada ser humano. As noções de pertença, de engajamento, de participação, são dados de capital importância na formação da identidade do indivíduo, conforme já assinaladas por Maslow[15]. Sem essa compreensão do seu ser social, o homem se sente, por si só, à parte do seu meio.

A partir de 30 de janeiro de 1933, ao assumir o poder na Alemanha, Adolf Hitler começa a sancionar a liberdade dos judeus e a incitar a canalização dos impulsos destrutivos dos membros do Partido Nacional-Socialista através da propagação de ideias antijudaicas, da mesma forma que ele próprio personalizava o líder para o qual deveriam convergir todos os esforços desses mesmos membros. Vemos, assim, que também os algozes nazistas foram vítimas de um plano com requintes psicológicos, e não só a população judaica.

Em cada grupo e em cada comitê do NSDAP devem criar-se imediatamente comitês de ação para a execução prática do boicote contra negócios judaicos, lojas judaicas, médicos e advogados judeus.

Os comitês de ação se responsabilizam para que o boicote não afete inocentes, mas afete mais fortemente os culpados[16].

Hitler, ao escrever *Mein Kampf*, o faz também como um relato autobiográfico, contando toda sua história de vida. Em concordância com nossa análise, esse foi um dos fatores que

---

14 Cf. H.R. Krüger, *Introdução à Psicologia Social*.
15 Cf. A.H. Maslow, *Introdução à Psicologia do Ser*.
16 Cf. D. Bankier, op. cit., p. 7.

contribuíram para que tantos alemães lhe dessem ouvidos, dado o caráter apelativo de seu relato. Hitler se aproveita da frustração de toda uma nação humilhada e carente de sua identidade. Com isso, o apoio político foi maciço.

Como já dissemos, a necessidade de identidade nacional e o resgate da cidadania, passível de preencher um vazio de identidade, era muito grande; somada à crise vivida no cotidiano, a aparente solução rápida e fácil, social e legalmente legitimada, não deu chance para a razão crítica social operar[17].

> Como um indivíduo, um organismo social pode cair psicologicamente doente, sobretudo em épocas de crise.[18]

Ao viver um momento de crise econômica que atingia violentamente o seu cotidiano, aqueles cidadãos que se enquadraram no perfil de componente da raça superior que renovaria a Alemanha e o mundo não hesitaram em aderir a um movimento que os impulsionava para rápida obtenção de bens, *status* social, trabalho, respeito hierárquico. Isso não os levava a parar e pensar na injustiça social e na loucura ideológica subjacente a tal prática. E sabemos que, em momentos de crise como aquele pelo qual passava a Alemanha, o senso de sobrevivência individualizado tende a imperar sobre a crítica social, podendo suplantá-la.

> Pessoas que se enquadram cegamente em coletivos convertem a si próprias em algo como um material, dissolvendo-se como seres humanos autodeterminados. Isto combina com a disposição de tratar outros como sendo uma massa amorfa.[19]

Uma vez que Hitler se apresenta como o líder em potencial, capaz de devolver a Alemanha aos alemães, em alto estilo, bastando para isso a colaboração com o máximo de esforços e devoção ao *Führer*, sem que o indivíduo ariano tenha que arcar com nenhuma responsabilidade além de se manter fiel ao seu líder – que, em síntese, era a sua pátria –, a resposta das massas foi imediata: não refletiram sobre os meios a serem

---

17 Cf. T.L.W. Adorno; M. Horkheimer, *Dialética do Esclarecimento*.
18 A. Einstein, *Como Vejo o Mundo*, p. 104.
19 T.L.W. Adorno, *Educação e Emancipação*, p. 129.

utilizados para certos fins serem atingidos. Ouvir que há um lugar para si dentro de uma nova e emergente estrutura social foi suficiente para garantir o apoio inicial necessário para Hitler e os demais dirigentes organizarem as suas massas. Tanto é que muitos alemães, que nas décadas de 1920 e 1930 mostraram-se simpatizantes do nazismo, não supunham os contornos que o movimento tomaria a partir de 1935, com a eliminação sistemática dos opositores ao regime. Sob tais circunstâncias de terror, a avaliação crítica de cada indivíduo foi impedida.

Os componentes formadores do Partido Nacional-Socialista dos Trabalhadores Alemães, bem como seus seguidores das mais diversas nacionalidades, ao serem apresentados a uma nova ordem social, com ênfase à hipérbole do antissemitismo, não hesitaram em se engajar num propósito através do qual teriam a oportunidade de ser reconhecidos como membros necessários à sociedade pelo simples fatos de serem, em suas características físicas e históricas, identificados a um modelo de perfeição e purificação da raça humana.

O que hoje se apresenta a nós em matéria de cultura humana, de resultados colhidos no terreno da arte, da ciência e da técnica, é quase exclusivamente produto da criação do Ariano. É sobre tal fato, porém, que devemos apoiar a conclusão de ter sido ele o fundador exclusivo de uma humanidade superior, representando assim "o tipo primitivo" daquilo que entendemos por "homem".[20]

Os aviltamentos perpetrados pelos nazistas lhes proporcionavam ganhos ideológicos e materiais. À superioridade racial e social somaram-se casas, lojas, indústrias retiradas dos judeus, que passaram a ser de usufruto dos arianos. Face à crise econômica que o Nacional-Socialismo procurava combater, esta era uma saída fácil e rápida para alguns privilegiados, com desdobramentos sociais de apoio ao Partido por parte de seus beneficiados[21]. No entanto, acima de ganhos materiais, que nem sempre lhe chegavam, a massa de adeptos ao Nacional-Socialismo obteve uma realocação de sua autoimagem dado o contexto histórico em que viviam.

---

20 A. Hitler, *Minha Luta*, p. 188-189.
21 T.L.W. Adorno, *Educação e Emancipação*.

O verdadeiro ganho com que conta o "camarada de etnia" (*Volksgenosse*) é a ratificação coletiva de sua fúria. Quanto menores são as vantagens, mais obstinadamente e contra seu próprio discernimento ele se aferra ao movimento. O antissemitismo mostrou-se imune ao argumento da falta de rentabilidade. Para o povo, ele é um luxo.[22]

No entanto, o nazismo proporcionava vantagens aos seus adeptos tão somente em função da manutenção dos interesses do partido, isto é, não havia a intenção de que o indivíduo obtivesse ganhos, mas apenas que satisfizesse as suas vontades imediatistas, muitas vezes incutidas externamente de acordo com as necessidades do sistema.

Já que o indivíduo em suas singularidades não é reconhecido pelo fascismo, sendo tão somente uma peça de uma grande engrenagem, a sua filiação será sustentada pelo sentido de participação coletiva. Assim, a dinâmica psicológica preponderante no nazismo dar-se-á no *Mitwelt*, uma vez que o *Eigenwelt* foi sufocado pelo movimento de encaixe que o indivíduo se fez à máquina nazista. Contudo, sendo as dinâmicas desses mundos interdependentes, a atuação coletiva não será avaliada pelo indivíduo em todos os seus aspectos – pois o mundo interno está impossibilitado de operar as devidas avaliações, e, consequentemente, a prática coletiva não será construtiva para si nem para o outro, mas tão somente para os interesses impessoais do sistema.

Ao se pensar como parte da engrenagem partidária, o comportamento dos filiados ao Nacional-Socialismo deve ser compreendido, enquanto *Eigenwelt*, sob a óptica da Psicologia de Grupo, mais especificamente, da Psicologia das Multidões. Segundo Le Bon, as características das multidões se diferem das do indivíduo isolado e, com isso, de toda a dinâmica de seu funcionamento. A sensação de força adquirida pelo indivíduo quando junto a um grande número de pessoas é tal que o impulsiona a certas reações que, se estivesse sozinho, poderia se permitir um tempo de reflexão passível de as refrear pelo senso de responsabilidade, que se dissipa no anonimato da multidão[23].

---

22 T.L.W. Adorno; M. Horkheimer, *Dialética do Esclarecimento*, p. 159.
23 G. Le Bon, *Psicologia das Multidões*.

O contágio e a sugestionabilidade são características da dinâmica estrutural das multidões. Uma vez desprovida de consciência crítica, a multidão age de modo irrefletido, contagiando-se pelos sentimentos e ações do grupo[24]. O indivíduo prescinde de seus próprios interesses em prol da coletividade, obedecendo automaticamente às ordens do líder. O conteúdo moral da ação não é levado em conta. É a vontade do líder que se faz cumprir sem questionamentos. O discernimento entre uma atitude certa e uma errada simplesmente não acontece.

As multidões nunca tiveram sede de verdades. Diante das evidências que lhes desagradam, elas se afastam, preferindo deificar o erro, se o erro as seduz. Quem lhes sabe dar ilusões, facilmente as domina; quem tenta arrancar as suas ilusões, é sempre vítima.[25]

A multidão sempre age como sendo certa a sua ação uma vez que assim lhe foi ordenada. A justificativa da não reflexão baseia-se numa lógica rasa, exterior ao sujeito: é a consciência heterônoma operando nos indivíduos[26]. Essa obediência cega ilustra o sentimento de cunho religioso característico das multidões, no qual a relação com um líder se faz com base na adoração e obediência irrestrita a seus preceitos, considerando inimigos todos aqueles que se recusam a fazer o mesmo[27]. Este sentimento é exercido não somente em relação a divindades, mas a qualquer causa ou ente em cuja relação haja uma devoção cega, comprometendo a apreensão de sentimentos e as ações do próprio sujeito.

Podemos observar, em quaisquer reuniões de grandes grupos, a premência em ouvir a mensagem do orador, pois a dispersão tende a ocorrer rapidamente se não houver este elemento centralizador. Além disso, a mensagem a ser transmitida deve ser sintética, repetitiva, impactante e ilustrada por imagens que são mais facilmente evocadas do que um raciocínio longo e ponderado. As metáforas aludidas se transformam nos significados principais, impressionando a imaginação de quem as ouve, preenchendo o hiato da falta de reflexão. O fictício

24 Cf. J. Kosinski, *O Pássaro Pintado*.
25 G. Le Bon, op. cit., p. 86.
26 E. Fromm, *O Espírito de Liberdade*; idem, *Análise do Homem*.
27 G. Le Bon, op. cit.

ganha coerência externa, e nada é mais impressionante do que a inverossimilhança. As mensagens do líder das multidões são dogmáticas. Elas têm valor à medida que são expressas como verdades absolutas, sem qualquer questionamento que se lhes oponha. Com isso, tornam-se evidentes em si mesmas. Uma vez repetidas, passam a compor o discurso dos liderados que a aceitam como uma verdade demonstrada.

Le Bon, com sua obra capital *Psicologia das Multidões,* muito influenciou Freud em *Psicologia de Grupo e Análise do Ego*. Ambos os autores analisam as diferenças de comportamento entre o indivíduo e o grupo. Seus escritos são anteriores ao nazismo, no entanto, se prestam à compreensão deste período histórico com bastante precisão.

> Inclinado como é a todos os extremos, um grupo só pode ser excitado por um estímulo excessivo. Quem quer que deseje produzir efeito sobre ele, não necessita de nenhuma ordem lógica em seus argumentos; deve pintar nas cores mais fortes, deve exagerar e repetir a mesma coisa diversas vezes.[28]

Os sentimentos nas multidões são demasiadamente exacerbados se comparados aos do indivíduo isolado. Nesse, por vezes, um pequeno dissabor pode até passar despercebido, ao passo que o mesmo, numa reação coletiva, pode ter desdobramentos incomensuráveis. A simples visão da multidão que um indivíduo experimenta ao nela estar o impressiona e fortalece. O que muitas vezes o indivíduo não se dá conta é que esta força externa é ilusória, e que o indivíduo em si não tem valor dentro dela – não há reciprocidade entre líder e subordinados, mas sim e tão somente imposições.

Como a responsabilidade pelos seus atos se dissipa na multidão, o indivíduo em grupo tende a expressar aspectos de sua personalidade em demonstrações exibicionistas, dentre as quais se exacerba a violência. Tais reações seriam contidas pelo indivíduo isolado por não encontrarem um palco para se manifestar. Tendo consciência da sua força em grupo, os membros anseiam pela demonstração de uma autoridade opressiva que reforce tal sensação de poder. Qualquer ideia humanista

---

28   S. Freud, Totem e Tabu, ESB, v.XIII, p. 102.

passa a ser encarada como um ato de fraqueza e covardia[29]. No entanto, a nosso ver, covarde é o próprio indivíduo em grupo que só é capaz de se pensar como forte uma vez inserido na proteção da irresponsabilidade anônima.

Já Erich Fromm escreve sobre as diferenças entre o indivíduo e o grupo, associando-as ao nazismo. Segundo Fromm, Hitler tinha consciência das condições que favoreciam a submissão do indivíduo numa reunião de massa. Sendo assim, ele deveria organizar o seu império considerando as características das multidões, do líder, das mensagens veiculadas. Isso não deve ter sido tarefa muito difícil, uma vez que era um organograma absoluto, sem contrapontos e baseado em premissas próprias que não deveriam ser ponderadas com mais ninguém – tão somente incrementadas.

> A reunião de massa é necessária quando mais não seja só pelo fato de nela o indivíduo, que ao aderir a um novo movimento se sente sozinho e facilmente se vê dominado pelo medo de estar só, recebe pela primeira vez as imagens de uma comunidade maior, algo que exerce efeito revigorante e encorajador na maioria das pessoas... Se ele sair pela primeira vez de sua pequena oficina ou mesmo de uma grande organização, em que se sente muito pequeno para ir a uma reunião de massa e vir-se rodeado por milhares e milhares de pessoas com a mesma convicção... ele próprio sucumbirá à mágica influência do que podemos chamar a sugestão em massa.[30]

Como vimos, os discursos de Hitler ocultam as contradições de suas atitudes. A forma prepondera sobre o conteúdo. A mensagem concentra-se na figura do orador, hipnotizando quem o vê e ouve[31]. Fundamentalmente, antes mesmo de iniciar o discurso, o que é tido como verdade já existe, dessa maneira, calcado na legitimação absoluta do líder.

Dada tal situação social, os filiados ao Partido não se preocuparam com o qualitativo de suas ações. O regime nazista foi burocrático e impessoal o suficiente para inculcar nas massas que essas estariam apenas cumprindo ordens e contribuindo para aquilo que acreditavam ser o renascimento de sua nação.

29 Ibidem.
30 E. Fromm, *O Medo à Liberdade*, p. 178.
31 Cf. S. Freud, Totem e Tabu, ESB, v.XIII.

Inclusive, tal é a frequente resposta dada por vários simpatizantes do nazismo, no pós-guerra, para justificar os seus atos[32]. Nesses casos, vemos que o indivíduo não consegue assumir seus erros por uma culpa a eles inerente[33]. Já que a consciência moral durante o período nazista foi anulada com a atribuição da sua responsabilidade ao aparelho estatal, como exercê-la fora desse contexto?

Realmente, uma vez inserido no regime totalitário, o indivíduo se vê impedido de pensar criticamente. E mesmo que lhe ocorram pensamentos de oposição a atitudes do governo, o medo que as ideias possam lhe custar a própria vida e a dos seus faz com que, na maioria das vezes, o indivíduo opte por matar as ideias que lhe acometam. O que ele não se dá conta, neste caso, é da mutilação que faz a si próprio.

Os homens que despejaram cal viva pelas aberturas dos esgotos de Varsóvia para matar os vivos e disfarçar o fedor dos mortos escreveram cartas para casa, contando isso. Falaram de ter de "liquidar os insetos". Em cartas pedindo fotos de familiares ou enviando votos de boas festas. Noite feliz, noite de paz, "Gemütlichkeit".[34]

Por reconhecer que o interesse e a reflexão pessoais são raros nos grupos, me proponho a investir intensamente no indivíduo, com vias a fortalecê-lo ao ponto de buscar realizar o mesmo exercício quando estiver em grupo, em especial por saber-se passível de sucumbir cegamente à dinâmica grupal caso se desprenda do seu referencial interno de pensar e sentir. Por sua possibilidade de escolha, o ser humano se faz nas situações ao longo de sua existência. Sua atuação será tão mais congruente quanto maior for a capacidade de se assumir em suas responsabilidades e implicações, ainda que em situações adversas[35]. O falseamento de suas características e atitudes negativas impedem a integração do indivíduo, necessária à superação da culpa provocada pela revisão de seus atos. Isto porque a culpa se apresenta ao indivíduo de forma tão assustadora que ele se

---

32 Cf. D. Bar-On; A. Gaon, "We Suffered Too", *Journal of Humanistic Psychology*, v.31, n.4, p. 77-95s.
33 Cf. T.L.W. Adorno; M. Horkheimer, *Dialética do Esclarecimento*.
34 G. Steiner, *Linguagem e Silêncio*, p. 168.
35 Cf. J.P. Sartre, *A Questão Judaica*.

vê sem saída para se compreender a não ser assumindo-a, isto é, reconhecendo que existe em si a capacidade de cometer atitudes que lhe desagradam. Somente com o reconhecimento da sua capacidade de ser construtivo ou destrutivo é que o indivíduo pode se apreender em sua constituição básica e atuar de modo responsável em função dessa capacidade.

Uma vez que não consiga ser congruente consigo em suas reflexões e seus atos, o indivíduo acaba não se encontrando consigo, alienando-se, perdendo a clareza do julgamento de seus valores e, consequentemente, não mais conseguindo colocar-se frente ao outro em reciprocidade de compreensão. A capacidade de sentir fica comprometida em função da impotência de pensar e agir autonomamente.

> O caráter manipulador – e qualquer um pode acompanhar isto a partir das fontes disponíveis acerca desses líderes nazistas – se distingue pela fúria organizativa, pela incapacidade total de levar a cabo experiências humanas diretas, por um certo tipo de ausência de emoções, por um realismo exagerado.[36]

Analogamente ao entendimento da multidão nazista, talvez pudéssemos nos perguntar se os grupos de judeus, aglomerados em guetos, em campos de concentração, nos transportes, não constituíam também uma multidão, com força, inclusive, de reagir aos algozes e às sucessivas restrições. Responderíamos que, apesar da quantidade, não havia uma estrutura de manutenção de coesão entre os indivíduos. A identidade que os unia foi colocada em questão e não encontrava ressonância além-muros. A aglomeração dos judeus era realizada pelos nazistas com o intuito final de desagregá-los, como um meio para se atingir o objetivo de manutenção da indústria da morte, última instância da canalização da insatisfação social dos outros povos poupados. Neste sentido, os judeus seriam uma multidão, mas não organizada, e sim aglomerada, utilizada e destruída pelos governantes do sistema.

A forma do assassinato em massa perpetrado pelo nazismo teve requintes de uma produção industrial: era a indústria da

---

36 T.L.W. Adorno, *Educação e Emancipação*, p. 129.

morte[37], preconizada pela "Solução Final", na qual a convivência dos algozes com a morte deveria ser reduzida ao mínimo. Isso porque a imagem de um carrasco frente à sua vítima ainda poderia despertar algum repensar ou compaixão, ou até mesmo a culpa nos algozes frente à situação e às suas vítimas. Por esta dificuldade dos algozes em realizar assassinatos pessoais, aprimoram-se as técnicas genocidas, criando-se as fábricas de morte.

Esse acúmulo de nucas suplicantes, orgulhosas, medrosas, fortes ou franzinas, peludas ou bronzeadas, tornou-se rapidamente insuportável aos algozes, que não podiam furtar-se a um certo sentimento de culpa. Como se fossem outros tantos rostos sem olhos, elas vinham persegui-los em sonhos. Paradoxalmente, era dos carrascos e não das vítimas que provinham as dificuldades. Por isso mesmo, os "técnicos" levaram-nas a sério.
Foi assim que, sem dúvida pela primeira vez no mundo, apresentou-se o problema de como liquidar homens aos milhões.[38]

Enquanto os algozes procuravam reduzir a sua convivência com a morte através da frieza e do distanciamento nas execuções, as vítimas conviviam com ela cada vez mais próxima. Como as vítimas poderiam conceber que o seu extermínio era uma "Solução" para os problemas da Alemanha e do mundo? Como poderiam conviver com o novo significado das palavras "banho" e "desinfecção" – leia-se câmaras de gás = morte?[39]
O instinto de sobrevivência aparece nos algozes na situação oposta, e através de meios e fins também opostos aos das vítimas. No caso dos algozes, deu-se uma transgressão do imperativo categórico kantiano, segundo o qual, como imperativo categórico que é, deve ser um fim em si mesmo, e que, aplicado ao homem, este nunca deve ser tido como um meio para atingir ou alcançar algo[40]. Por sua vez, por parte das vítimas, houve exatamente a manutenção do imperativo categórico por se recusarem a agir como seus algozes no sentido da instauração do caos social. Enquanto as vítimas lutavam a cada minuto

---

37 Cf. A.T. Tolmasquim, *O Distanciamento do Mundo na Construção do Saber Moderno*.
38 J.-F. Steiner, *Treblinka*, p. 78.
39 Cf. G. Steiner, *Linguagem e Silêncio*.
40 Cf. I. Kant, *Fundamentos da Metafísica dos Costumes*.

pelo direito de viver, submetendo-se a toda sorte de humilhações, seus algozes permaneciam impassíveis no cumprimento do dever. As vítimas cumpriam, assim, o imperativo categórico sobre si mesmas, enquanto os algozes o transgrediam.

No entanto, entre os próprios membros da ss havia aqueles que se espantavam com os requintes de crueldade a que chegavam seus subalternos no trato, em especial com os judeus – não esqueçamos do papel catalisador que foi destinado ao judeu aos olhos de seus algozes.

O escrito do primeiro-tenente da ss [ss-*Obersturmführer*], Kurt Gerstein, a 4 de maio de 1945, ilustrado por Schoenberner[41], exemplifica tal reação. Um oficial nazista que sabia da "Solução Final", mas que, por trabalhar à distância dos campos de extermínio, não tinha o conhecimento vivencial do que exatamente se praticava em nome de tal ordem, ao se deparar frente à frente com o suplício daqueles que eram amontoados nas câmaras de gás, se impressionou com a indiferença dos seus subalternos, preocupados que estavam com o bom funcionamento da máquina de morte, em especial, devido à sua própria presença de visita oficial. Por ironia, se deu, neste momento em que oitocentas pessoas já se achavam comprimidas dentro de uma câmara de gás de 25 metros quadrados, de 45 metros cúbicos, uma falha no escapamento de gás, e essas pessoas ficaram confinadas ali por 2h49min, de acordo com o cronômetro que tudo registrou, e mais 32 minutos com o gás, tendo sido todos os cadáveres retirados de lá após este tempo.

Tamanha foi a indignação com o quadro presenciado, que esse oficial, ao voltar a Varsóvia, num encontro com o secretário da embaixada sueca em Berlim, contou-lhe tudo o que havia presenciado, pedindo-lhe que repassasse tais informações ao seu governo, bem como aos aliados, o mais rápido possível, pois cada dia representava a perda de milhares de vidas. Relatou também a outras inúmeras personalidades, num desempenho que se contrapunha às leis nazistas, mas que ia ao reencontro dos princípios da ética humanista.

Com isso vemos que, embora este membro da ss soubesse da existência de campos de concentração – e talvez até de mortes

---

41 G. Schoenberner, *A Estrela Amarela*.

ocorridas nos mesmos, já que na descrição da disposição espacial do campo, seu relato não contém o espanto das descrições posteriores – quando da visão vivenciada das atrocidades, a tomada de posição foi de espanto e revolta diante da total indiferença dos assassinos, bem como da impotência das vítimas, numa tomada de consciência a partir da vivência-com-o-outro, e num consequente posicionamento ético e moral a partir de sua reflexão – conforme postulamos como um dos nossos objetivos.

Dessa forma, a verdade só poderia ser resgatada pela apreensão da vivência. Numa prática social legitimada pelo irracionalismo, quem se apreendia em vivências eram as vítimas, porta-vozes do erro humano repetidamente cometido com todos, vítimas e algozes. À vítima, o nazismo não roubou esse direito.

O nazismo tem o poder como valor supremo e deprecia valores humanistas como justiça e igualdade[42]. Nele, a educação é orientada para a obediência, passando a ideia de uma sociedade rigorosamente organizada. No entanto, tal orientação oculta os verdadeiros princípios que a conduzem: o medo e a violência. Confunde-se hierarquia com respeito humano, obediência com disciplina. Mesmo em nossos dias, assistimos à mesma confusão, ainda que não na magnitude do período nazista. Todavia, a própria educação deve repensar as prioridades de objetivos e de conteúdos a serem transmitidos, de modo a não reproduzir uma mentalidade parcializada.

> Qualquer debate acerca das metas educacionais carece de significado e importância frente a essa meta: que Auschwitz não se repita. Ela foi a barbárie contra a qual se dirige toda a educação. Fala-se da ameaça de uma regressão à barbárie. Mas não se trata de uma ameaça, pois Auschwitz *foi* a regressão; a barbárie continuará existindo enquanto persistirem no que têm de fundamental as condições que geram esta regressão. É isto que apavora.[43]

De modo análogo, é através de uma educação reflexiva e conscientizadora que os indivíduos reprodutores de condutas geradoras de aviltamentos interpessoais podem ser flagrados e levados a se flagrar em seus comportamentos que geram em si

---
42 Cf. K. Lewin, *Fundamentos da Metafísica dos Costumes*.
43 T.L.W. Adorno, *Educação e Emancipação*, p. 119-120.

mesmos a perda de seu referencial interno de reflexão crítica. Esse processo retrata a inflexão em direção ao sujeito, preconizada por Adorno, como sendo de capital importância para uma ação profilática por buscar reconhecer junto ao indivíduo as condições e os mecanismos que o conduzem a ações irrefletidas[44]. Faz-se necessário então um repensar educacional para que as frustrações e injustiças vividas por um indivíduo sejam repensadas e rechaçadas, e não retransmitidas em cadeia a outros como meio de dissipação.

Num repensar atual das origens dos regimes totalitários, Adorno aponta para algumas práticas sociais com as quais continuamos a conviver que, se forem analisadas atentamente, exemplificam parâmetros culturais sob os quais continuam a existir os germens do totalitarismo. Vivemos ainda a concepção da *plus repressão*, que Marcuse tão bem alcunhou, na qual o mais digno indivíduo é aquele que mais suporta a dor em nome de um dever[45].

> O ponto de partida poderia estar no sofrimento que os coletivos infligem no começo a todos os indivíduos que se filiam a eles. [...] A brutalidade de hábitos tais como os trotes de qualquer ordem, ou quaisquer outros costumes arraigados desse tipo, é precursora imediata da violência nazista.[46]

Mais do que informar, é através da promoção da autorreflexão crítica que a educação pode fazer cumprir seu papel primordial de formação dos indivíduos. Estimulando a compreensão da sua dinâmica de funcionamento e de suas implicações, o homem passa a ser valorizado em sua capacidade básica de pensar e sentir conscientemente, reconhecendo-se capaz de buscar uma atuação social condigna às suas condições ontológicas.

---

44 Ibidem
45 Cf. F.L.P. Seminerio, A Crise da Psicologia Contemporânea, *Arquivos Brasileiros de Psicologia*, v.32, n.1.
46 T.L.W. Adorno, *Educação e Emancipação*, p. 128.

Entrevistas[1]

No primeiro capítulo, abordei o método fenomenológico de investigação, adotado ao longo do presente estudo. Pelas suas características, ele alicerça, estrutural e epistemologicamente, vários outros métodos levados a cabo em pesquisas psicológicas[2]. Dentre esses, circunscrevemos o método histórico-hermenêutico-existencial para caracterizar a nossa metodologia em campo, por nos propormos a enfocar a hermenêutica diltheana como base para minimizar os mal-entendidos, por meio do exercício dialógico buberiano do sentir-com-o-outro, dentro da abordagem existencial da Psicologia.

O método histórico-existencial é a convergência da postura "existencial-fenomenológica" de Heidegger com a atitude compreensivista aplicável à *Erlebnis* de Dilthey. Trata-se de fato de captar como *eidos*

---

1   Uma versão deste capítulo, com maior detalhamento técnico e metodológico, e roteiro de entrevista sugerido pelo Holocaust Oral History Project, San Francisco, CA, anexado na íntegra, foi publicado em Lyslei Nascimento; Julio Jeha (orgs.), *Estudos Judaicos: Shoá, o Mal e o Crime*, São Paulo: Humanitas/USP, 2012, p. 273-313, sob o título "O Método Fenomenológico Aplicado a Entrevistas Com Sobreviventes da Shoá".
2   Cf. F.L.P. Seminerio, O Problema do Método, *Arquivos Brasileiros de Psicologia*, v. 38, n.2, p. 3-17.

uma significação existencial. Em termos da Fenomenologia clássica, isto representaria uma inversão aberrante na relação essência-existência. No entanto, a partir da proposta heideggeriana, esta inversão tornou-se hoje corrente, o que permitiria até se chegar a definir este método como "existencial-fenomenológico".

Apesar de não estar formalmente caracterizado ou tecnicamente definido, este é o método que vem sendo utilizado nas aplicações da chamada "terceira força", ou seja, a psicologia de base existencialista ou rogeriana.[3]

Dentro desse enfoque, visamos uma aproximação entre Wilhelm Dilthey e Martin Buber para promover, a partir das entrevistas, um nível de compreensão por meio do engajamento com o outro. Há nesses dois autores a preocupação de pensar o homem sem perder de vista a necessidade de compreender a si mesmo, nesse exercício de investigação.

O segmento que se busca captar é o sentido histórico da vivência e da existência tal como é percebido pelo autor da conduta. A técnica fundamental é a *hermenêutica* no sentido de Dilthey, ou seja, uma decifração que permita entender, tal como na história, o sentido que encadeia as vivências – estas sendo concebidas como a história da pessoa – a partir dos indicadores contidos no relato de cada um. Não se trata, obviamente, de reportá-la a leis ou categorias universais, mas visa-se reconstruir a *Weltanschauung* de cada um, o quadro histórico de sentido, tal como é vivido e percebido pelo próprio sujeito.[4]

Enquanto em Dilthey encontramos o marco epistemológico para a abordagem do homem como centro de investigação[5], em Buber acrescentamos a essa proposta a ênfase na fala autêntica[6], diferenciada do palavreado, leviano e sem importância[7], no qual não ocorrem trocas profícuas, nem reconhecimento mútuo e, consequentemente, não se dá a conscientização da necessidade de conteúdos éticos e morais.

Em Martin Buber, tal diferenciação das relações interpessoais é identificada a partir de cada elemento participante, com base na

3   Ibidem, p. 13.
4   Ibidem.
5   Cf. J. Habermas, Conhecimento e Interesse, *Gesammelte Schriften (Obras Completas)*, v.5, p. 143.
6   Cf. M. Buber, *Do Diálogo e do Dialógico*.
7   Cf. M.M. Amatuzzi, *O Resgate da Fala Autêntica*.

percepção, sensação e apreensão de si e do outro, quanto à exposição e troca mútua, não apenas de informação, mas também de reconhecimento mútuo, numa cadeia exegética de compreensão, para que cada um acompanhe o outro em seu desenvolvimento, apreendendo o sentido encadeado de cada mensagem. Este reconhecimento e acompanhamento mútuos apaziguam e produzem relações sociais mais seguras e proveitosas.

Já que a conversação genuína é uma esfera ontológica, constituída pela autenticidade do ser, toda invasão pode prejudicá-la.

Mas onde a conversação se realiza em sua essência, entre parceiros que verdadeiramente voltaram-se um-para-o-outro, que se expressam com franqueza e que estão livres de toda vontade de parecer, produz-se uma memorável e comum fecundidade que não é encontrada em nenhum outro lugar. A palavra nasce substancialmente, vez após vez, entre homens que, nas suas profundidades, são captados e abertos pela dinâmica de um elementar estar-juntos. O inter-humano propicia aqui uma abertura àquilo que de outra maneira permanece fechado.

Este fenômeno é frequentemente conhecido no diálogo a dois; mas eu tenho experenciado às vezes também no diálogo a múltiplas vozes.[8]

Quando da leitura de biografias – Anatoly Kuznetsov, em *Bábi Iar*, Anne Frank, em seu *Diário*, Enrico Chaim Tenenbaum, em *Clamor aos Céus* – já podemos apreender, por meio destes escritos, a palavra do sobrevivente, do ser humano expondo suas vivências e indignações; são escritos sobre a história de suas vidas, ilustrados pela descrição das necessidades cotidianas comuns a todos os homens.

Quando temos a oportunidade de ler ou ouvir os relatos dos sobreviventes, apreendemos a situação vivida numa dimensão que dificilmente se daria através dos registros da história formal. Essa esfria os fatos no aspecto existencial por nós almejado. Já a história não formal é aquela em que, partindo dos depoimentos de testemunhas, entre outras fontes, o pesquisador os apresenta em termos metaprocessuais, permitindo que o leitor tenha uma visão intra e supra-histórica. O nível existencial, subjetivo enquanto percepção do sujeito, e o nível factual, objetivo enquanto ocorrência histórica, constituem o

---

[8] W. Dilthey apud J. Habermas, Conhecimento e Interesse, *Gesammelte Schriften (Obras Completas)*, v.5, p. 154-155.

produto do relato. Assim, os relatos promovem uma aproximação e uma compreensão metarreflexiva da situação vivida, nos moldes metodológicos preconizados por Dilthey para as *Geisteswissenschaften*.

O ser-comum das unidades vitais é, pois, o ponto de partida para todas as relações entre o particular e o geral nas ciências do espírito. Esta experiência fundamental acerca do ser-comum atravessa toda a concepção do mundo do espírito. Nela se unem entre si a consciência do Eu enquanto tal em sua unidade e a similaridade com os outros, a identidade autônoma da natureza humana e a individualidade. É ela que constitui os pressupostos para a compreensão.[9]

A recordação da trajetória de vida traz à tona, de forma seletiva, aquelas vivências cujo significado, quando de sua ocorrência, ainda se apresenta imbuído da *Weltanschauung* do indivíduo.

Na memória já se efetua uma seleção e o princípio desta preferência está no significado que as vivências particulares, na época em que (já) eram passadas, possuíam para a compreensão do conjunto de minha vida em vista de uma avaliação de períodos posteriores, ou, então, no significado que essas vivências, enquanto a memória ainda estava fresca, recebiam de uma nova concepção da unidade de minha vida.[10]

Na composição dos relatos, as significações remanescentes das vivências constituem a verdade existencial dos entrevistados. Levando em consideração os recortes mnêmicos em função do tempo transcorrido, bem como dos aspectos significativos que deixam transparecer a visão de mundo atual e da época, procura-se neste estudo apreender o eixo de significações que formam a história e a identidade dos sobreviventes.

E agora, ao me recordar, dentre todos os eventos ainda passíveis de recordação fazem parte da unidade de minha vida somente aqueles que possuem um significado para esta vida, tal como atualmente eu a vejo. É precisamente através da minha concepção da vida no presente que cada uma de suas partes importantes recebe, à luz desta concepção, a forma na qual eu hoje a concebo.[11]

9   W. Dilthey apud J. Habermas, Conhecimento e Interesse, *Gesammelte Schriften (Obras Completas)*, v.5, p. 171.
10 Ibidem, p. 165-166.
11 Ibidem.

Nessa investigação, buscamos as bases para a resposta circunstanciada nas vivências dos judeus sobreviventes do Holocausto. Para isso, realizei as entrevistas com a aplicação da técnica de investigação de histórias de vida, um segmento da história oral, como método de pesquisa e coleta de dados[12]. A história oral, realizada por meio de diversas formas de entrevistas, toma por base a experiência de um indivíduo ou de um grupo, buscando uma convergência de relatos sobre um mesmo acontecimento ou um mesmo período de tempo.

Já a história de vida compreende o relato de um narrador sobre a sua existência ao longo do tempo, buscando reconstituir os acontecimentos vividos e transmitir a experiência adquirida. Propõe-se a ser uma narrativa linear e individual dos acontecimentos que o narrador considera significativos, na qual o pesquisador estabelecerá relações com o grupo, trabalho e realidade social do narrador, de acordo com o seu interesse em captar dados que ultrapassem o caráter individual e que se insiram nas coletividades às quais o narrador pertence[13].

A história de vida se apoia na psicologia e na sociologia, procurando captar o que há entre o individual e o social. Assim, as informações colhidas por meio dessa técnica não devem ser apreendidas como o estabelecimento da verdade factual, mas sim da verdade existencial do entrevistado. A verdade existencial é uma fonte potencial para pesquisar a verdade factual.

Dentre os aspectos operacionais da aplicação da técnica de histórias de vida, Mercadé atenta para a necessidade de um estudo anterior às entrevistas, versado sobre a temática em questão, de modo que o entrevistador domine o assunto e possa formular questões pertinentes e interessantes[14]. Esse alerta é de fundamental importância, uma vez que, caso o entrevistador não tenha domínio do conteúdo abordado, isso se refletirá em sua postura durante as entrevistas. Nesse caso, o encontro aqui preconizado simplesmente não ocorre, pois, se uma das partes não se encontra íntegra na relação, a reciprocidade buberiana não se processa.

---

12 M.I.P. de Queiroz, Relatos Orais, em O. de M. von Simon (org.), *Experimentos de História de Vida*; F. Mercadé, Metodologia Cualitativa e Historias de Vida, *Revista Internacional de Sociologia*.
13 Ibidem.
14 F. Mercadé, op. cit.

Segundo Bergson, quando da manifestação da lembrança pura, isto é, quando evocamos o passado à nossa consciência, a lembrança deixa de ser passado para se tornar presente, engendrando uma série de sensações, inclusive corporais[15]. A memória *souvenir* (lembrança) traduz a unidade histórica e essencial do ser, em corpo e espírito[16]. Assim sendo, percorrendo um trajeto de volta há mais de cinquenta anos, o passado se faz presente e, com ele, a série de respostas e sensações que acompanham o conteúdo evocado. Nós vivemos a lembrança; ela existe como vivência presente.

De acordo com Aleksander Henryk Laks, presidente da *Sherit Hapleitá* (Associação Brasileira dos Israelitas Sobreviventes da Perseguição Nazista) do Rio de Janeiro, em 1994 residiam na capital fluminense cerca de 140 judeus sobreviventes do Holocausto, dos quais entrevistei dez, de modo a colher informações suficientemente diversificadas, a saber:

- Abraham Warth, polonês, nascido em 20.06.1921 na cidade de Prszemysl;
- Aleksander Henryk Laks, polonês, nascido em 02.08.1926 na cidade de Lodz;
- Chaim Najman, polonês, nascido em 10.12.1916 na cidade de Opole; residente na cidade de Lodz quando da invasão nazista;
- Edward Heuberger, polonês, nascido em 04.01.1914 na cidade de Cracóvia;
- Kurt Homburger, alemão, nascido em 11.04.1930 na cidade de Offenbach am Main;
- Lejbus Brener, polonês, nascido em 15.11.1922 na cidade de Dzialoszyce;
- Leon Herzog, polonês, nascido em 23.01.1919 na cidade de Ostrowiec;
- Maria Yefremov, iugoslava, nascida em 22.02.1914 na cidade de Titel; residente na cidade de Novi-Sad quando da invasão húngara;

---

15 Cf. H. Bergson, *Matéria e Memória*.
16 Cf. F.L.P. Seminerio, *Memória, Aprendizagem e Significação*.

- Roza Rudnic, polonesa, nascida em 27.10.1928 na cidade de Bialystok;
- Simone Goldring Soares, romena, nascida em 17.12.1927 na cidade de Galatz; residente na cidade de Bucareste quando da invasão nazista.

A confirmação de sua condição de sobreviventes foi feita ainda na fase de contatos, por meio das indicações do sr. Werner Frey, vice-presidente da *Sherit Hapleitá* do Rio de Janeiro, bem como do sr. Aleksander Henryk Laks.

Tendo o conhecimento histórico-formal quanto aos fatos e acontecimentos da época, busquei a verdade existencial dos sobreviventes, para elucidar uma visão estigmatizante e parcializada passível de recair sobre eles, caso sua condição seja pensada somente a partir da história formal. As histórias de vida possibilitam uma nova perspectiva de entendimento dos sobreviventes e das situações por eles vividas. Aqui, o foco é escutar seus relatos, importando não apenas o que estão contando, mas, efetivamente, como revivem aquilo que narram. É a transmissão dessa emoção vivida que desejo enfatizar como base para repensar o homem em seus princípios éticos e morais, pois acredito ser a emoção o vínculo subjacente ao ouvir, ao refletir, e ao agir. Segundo Habermas, a autocompreensão da experiência vivida deve ser um exercício reflexivo fruto de uma participação com outras pessoas[17]. Entendo também a validade da recíproca: a experiência vivida pode e deve ser um exercício compartilhado com outras pessoas, visando à compreensão mútua entre todos.

Optei por realizar entrevistas semidirigidas, gravadas em fitas de áudio e, posteriormente, transcritas por mim na íntegra, com anexos, quando possível, de provas documentais dos sobreviventes. A opção pelo uso das fitas visou auxiliar no registro fidedigno das entrevistas, já que como são muitas as informações que vêm à tona , as anotações poderiam não conseguir registrar essa quantidade de informações, nem as nuances dos discursos. Além disso, sem precisar fazer anotações, o entrevistador pode se concentrar e participar efetivamente do diálogo que se estabelece

---

17 Cf. *Conhecimento e Interesse*.

naquele momento. Optei também, por uma posterior transcrição das entrevistas, por considerar que o registro escrito permite uma melhor reflexão sobre o assunto abordado, ao contrário do registro instantâneo da oralidade.

Tanto durante as entrevistas quanto na confecção deste livro, busquei uma possibilidade de apreender melhor os fenômenos humanos, com base na categoria da compreensão, efetivando uma aproximação com o outro. Com isso, evidencio uma metodologia metaprocessual na medida em que tal perspectiva é adotada: 1. na exposição teórica; 2. na postura durante as entrevistas, junto ao entrevistado; 3. espero que a perspectiva psicológica aqui adotada, bem como os relatos dos sobreviventes, sirvam de eixo de reflexão a você, leitor.

Para isso, segui um modelo fundamentado, principalmente, na análise dos seguintes constructos:

METAPROCESSO: a ser apreendido em dois campos de atuação: 1. o exercício metaprocessual exercido pela autora durante as entrevistas, como instrumento de base para a compreensão do conteúdo transmitido, bem como por parte do entrevistado, a fim de acompanhar a sua própria narrativa de forma coerente e os objetivos de esclarecimento propostos pela entrevistadora; 2. o exercício metaprocessual a ser realizado entre a autora e o leitor, a partir do enfoque da dinâmica do ser como base para a compreensão e percepção da resposta circunstanciada sobre a questão dos judeus no Holocausto.

COMPREENSÃO: exercício explicitado em três níveis: 1. por parte da autora, durante os contatos com os sobreviventes; 2. por parte da autora, em suas considerações teóricas sobre a condição dos judeus, dos algozes e do leitor; 3. por parte do leitor, a fim de conseguir apreender em si mesmo essa mensagem.

VERDADE EXISTENCIAL: a ser captada em duas vertentes: 1. o reconhecimento da verdade existencial da autora, implícita na concepção do trabalho; 2. a verdade existencial dos sobreviventes, com a qual impregnam seus relatos. É com base nesse constructo que não me propus a um confronto documental entre os relatos e outras fontes da história formal, posto que tal circunscrição se afastaria do eixo psicológico do trabalho. *Eigenwelt* (mundo próprio, mundo do relacionamento consigo mesmo); *Mitwelt* (mundo compartilhado); *Umwelt* (mundo circundante) – constituem os parâmetros do entendimento psicossocial da dinâmica do ser. Adotados como referenciais de compreensão do comportamento humano, seja dos sobreviventes, seja da concepção teórica social e psicológica do homem, e que, portanto, incide sobre a autora e sobre o leitor.

WELTANSCHAUUNG (visão de mundo): a visão de mundo, em especial da concepção da vida e do homem, que os sobreviventes tinham antes do Holocausto e após terem vivido tal situação-limite.

RELAÇÃO DIALÓGICA: explicitação do diálogo baseado na compreensão inter-humana, exercido em três níveis: entre entrevistadora e entrevistado, na realização das entrevistas; na aproximação do leitor com o entrevistado, por meio dos relatos; e entre autora e leitor, por meio do conteúdo desta obra.
Ética humanista – objetivo de uma prática social a ser atingida uma vez realizada a tomada de consciência do binômio capacidade-responsabilidade aqui preconizada, bem como a prática da busca dialógica do outro, num contínuo exercício compreensivista.

Queiroz alerta para o perigo que pode acontecer em psicologia, caso a história de vida seja fragmentada[18]. Entendemos que sua preocupação recaia fundamentalmente em análises sobre a personalidade do indivíduo. No entanto, não é essa a proposta no presente texto, pois não analisamos a personalidade dos nossos entrevistados, mas sim lhes conferimos a oportunidade de dizer algo sobre as suas experiências.

Para a realização das entrevistas, considerei que devessem ocorrer em local tranquilo e com o menor ruído possível para não comprometer a gravação, evitando dificuldades de transcrição, bem como para não desviar a concentração mnêmica

---

18   M.I.P. de Queiroz, op. cit.

do entrevistado nem a atenção do entrevistador. Optei pela ida à casa do entrevistado, acreditando que ali eles se sentem mais seguros e confortáveis para realizar a jornada de retorno no tempo e no espaço.

É característica fundamental do método da história de vida que a sua aplicação demande longo tempo, tanto na duração das entrevistas quanto na realização das transcrições e respectivas revisões. Para cada entrevista, foi prevista a duração média de três horas. Havendo necessidade, novos encontros foram marcados para dar continuidade à entrevista. Assim, procedi de forma a possibilitar a obtenção minuciosa do maior número de informações, sem preocupação com o tempo, bem como a aproximação fraterna com o entrevistado, a fim de que se pudesse abordar um assunto tão delicado de modo mais terno.

Por conseguinte, não fixamos limite máximo de número de encontros. A riqueza do relato é obtida exatamente pela oportunidade que o entrevistado tem de relatar o que lhe convier, sem se preocupar com a quantidade de informações transmitidas, ou mesmo com o tempo consumido durante o trabalho. É fundamental que os entrevistados se sintam à vontade para construir a sua história sem se preocupar com tais parâmetros quantitativos, ainda que isso implique um esforço contínuo da entrevistadora.

As entrevistas começam com a apresentação do intuito deta obra – servir de referência para a minha dissertação de mestrado e constituir um banco de dados a ser arquivado no Museu Judaico do Rio de Janeiro. Um modelo de entrevista aos sobreviventes foi enviado ao Museu Judaico do Rio de Janeiro pelo Projeto de História Oral do Holocausto (Holocaust Oral History Project), sediado em São Francisco, Califórnia[19], contendo itens que serviram de referência para norteá-la.

Em seguida, passamos à coleta de dados pessoais e familiares de antes, durante e depois da guerra, preenchendo uma ficha de dados pessoais do entrevistado. Com isso, solicitava ao entrevistado que relatasse como era a sua vida e a de sua família antes da guerra. Alguns deles se sentiam mais confortáveis em responder a perguntas mais diretas do que em iniciar a entrevista

---

19 O modelo foi traduzido por: Léa Stoliar, secretária executiva do Museu Judaico do Rio de Janeiro.

com um relato livre; outros se sentiam melhor em responder a perguntas durante a entrevista. Nesses casos, tomei por base o referido modelo de entrevistas do Projeto de História Oral do Holocausto, organizado com os tópicos "História durante a guerra", "Guetos ou vida judaica sob o regime de invasão nazista", "Campos de trabalho, concentração e extermínio", "Resistência ou grupos partidários", "Escondendo-se", "Passando por não judeu", "Libertação", "Vida depois da guerra", acompanhados de uma série de perguntas sugeridas para cada um. Destes tópicos, foram considerados tão somente aqueles pertinentes às situações vivenciadas pelo depoente.

Este modelo de entrevista serviu apenas para nos nortear, pois o importante é que o depoimento seja uma história contada e não uma entrevista padronizada, em função do método de investigação adotado, que engloba a contribuição emocional da vivência, presente na história relatada, bem como no estilo pessoal de reconstituir fatos vivenciados, impregnado da *Weltanschauung* de cada sobrevivente.

As entrevistas iniciadas com relato livre eram complementadas com perguntas do modelo de entrevistas e/ou com perguntas baseadas nos dados relatados, com vistas a circunscrevê-lo de forma concisa, bem como marcar certas características referentes aos aspectos por mim preconizados na análise.

Assim sendo, não procurei os sobreviventes com o objetivo de apenas perguntar-lhes: "Por que você não reagiu?"; "Por que você deu margem a pensarem que você se deixou levar como gado?", uma vez que, de acordo com as análises da psicologia existencial, o ser humano deve ser compreendido levando-se em consideração um conjunto de fatores que se inter-relacionam e contribuem para o seu posicionamento em dado momento histórico. Esses fatores emanam dos três mundos: *Eigenwelt*, *Mitwelt*, *Umwelt*, ou seja, existem fatores individuais e sociais, e naturais e objetivos que o indivíduo organiza em si, comportando-se a partir dessa organização.

Essa abordagem é uma das características que peculiarizam a presente obra, diferenciando-a de outras abordagens biográficas, emocionalmente parciais, que tão somente retratam a tragédia humana sem objetivar levar a vítima ou o leitor/espectador a um repensar das conjunturas que culminaram na situação-limite retratada. Numa abordagem sensacionalista, não há a estimulação do exercício de reflexão crítica sobre os conteúdos emocionais, nem sobre a inter-relação desses conteúdos com condições sociais e materiais, mas tão somente um interesse em impactar os indivíduos, sem contextualizá-los, tornando-os vulneráveis a entender a situação em questão de modo parcial e fragmentado.

Na transcrição das entrevistas, procurei manter o estilo de cada narrador, fundamental para a aproximação leitor-narrador por nós preconizada, e, nesse sentido, a gravação em fitas foi fundamental para o registro das nuances das narrativas. Assim, em nossas transcrições, cuido em passar para o leitor a fidelidade ao discurso de cada entrevistado, em sua concatenação, estilo, expressões e pausas emocionais, que procuro evidenciar através dos sinais de pontuação.

Nessa perspectiva, é que me atribuí a tarefa de realizar as transcrições, por considerar que, tendo estado presente no momento da realização das gravações, travei conhecimento com os entrevistados e acompanhei o processo e a narração das entrevistas, familiarizando-me com a voz, com o ritmo do fluxo de pensamento, com a prosódia de cada entrevistado, o que facilitou o trabalho de transcrição e tornou-o mais fiel ao original gravado. Nesse sentido, procurei fazer das entrevistas e suas transcrições um todo contínuo.

Finalmente, para evitar possíveis distorções, estas eram devolvidas a cada entrevistado para que, juntos, revisássemos o depoimento, podendo fazer alterações e até complementações, escritas ou gravadas, até que recebesse sua aquiescência final, tornando-o um documento fidedigno à verdade existencial do depoente.

Dessa maneira, as entrevistas consumiram um tempo considerável. No entanto, o resultado final são depoimentos pautados nas verdades existenciais de cada sobrevivente, aprovados por eles – o que proporcionou uma satisfação acima das expectativas, tanto da entrevistadora como dos entrevistados.

Procurei colher o maior número de informações possível sobre a vida cotidiana dos sobreviventes no período de 1933 a 1945, ouvindo-os falar como testemunhas oculares, buscando transmitir aos leitores uma organização dessas informações de modo a compreender o comportamento das vítimas. Nosso intuito foi falar-com e não simplesmente falar sobre os sobreviventes.

Ouvir e dar voz com dignidade à vítima é também uma forma de chegar à verdade, pois a vítima é a eterna esquecida nos dramas e tragédias e às vezes só consegue falar e se salvar por interposta pessoa, como se ventríloqua.[20]

Enfim, o método da história de vida possibilita o estabelecimento de um diálogo entre depoente e entrevistador, sem que este imponha àquele categorias que não lhe dizem respeito, posto que vindas de teorias ou ainda de valores próprios do entrevistador. Outrossim, essa técnica permite que o entrevistador se coloque numa posição de se deixar levar pela testemunha para ver outros aspectos e dimensões da situação que se propõe a estudar[21]. Como consequência, a sensação que se tem é que, a cada entrevista e a cada respectiva releitura, poderíamos aprofundar ainda mais as mesmas questões, através de novos ângulos.

Neste livro, visamos captar o *eidos* heideggeriano, isto é, as essências construídas na existência de cada indivíduo, espelhadas tanto na forma de narrar quanto no conteúdo da narrativa de cada entrevistado. As histórias de vida possibilitam a compreensão, e não apenas uma explicação teórica, de certos processos psicossociológicos que ocorrem em grupos ou mesmo no indivíduo[22]. Temos nos relatos autobiográficos um documento pessoal, legado pelo entrevistado, no qual as características peculiares do narrador são expressas de tal forma que o leitor as reconhece por meio das opiniões acerca dos acontecimentos narrados[23], bem como pela verdade existencial e visão de mundo, identificadas em cada vivência registrada.

---

20 Cf. E. Kosovski, *Ética na Comunicação*, p. 27.
21 Cf. G.G. Debert, Problemas Relativos à Utilização da História de Vida e História Oral, em E. Durham et al. (orgs.), *A Aventura Antropológica*.
22 Cf. F. Mercadé, op. cit.
23 Ibidem.

Os Sobreviventes

Os dez judeus sobreviventes do Holocausto, residentes na cidade do Rio de Janeiro, ao concordarem em ser entrevistados, o fizeram por saber que havia pelo menos um especial motivo em comum para tal: contribuir com suas experiências pessoais para ampliar a divulgação de informações como fontes fidedignas a respeito do Holocausto, com o objetivo de conscientizar o maior número de pessoas para que tal tragédia não se repita.

Hoje, aposentado, com 82 anos de idade, guardo ainda vivo, na minha memória, o meu passado, que deixo por escrito para aqueles que hoje, mais de cinquenta anos depois da Segunda Guerra Mundial, não acreditam que os horrores do nazismo eram fatos verdadeiros.[1] (Edward Heuberger)

É com base na abordagem buberiana que espero fazer deste livro um canal que desperte o exercício dialógico acerca de um período histórico vivido pelos sobreviventes. Através de seus relatos, descortina-se o cenário do período histórico circunscrito, narrado em suas nuances cotidianas, existenciais:

---

1 Todas as citações presentes neste capítulo e no seguinte são provenientes de minha tese e também foram publicadas em *Sobre Viver*.

Eu tinha uma namorada como todo mundo tinha e sonhei, aos meus 25 anos de idade, firmar a minha existência, criar uma família, viver feliz como cada jovem da minha idade tentava. Mas os anos que se seguiram, em vez de anos dourados, viraram, para nós judeus na Polônia, anos de incrível suplício, anos de cor preta. Me parece que isto inspirou Spielberg a fazer o famoso filme "A Lista de Schindler" em preto e branco, fazendo uma analogia com aquela triste época. (Edward Heuberger)

No decorrer dos encontros, tanto o entrevistado quanto a entrevistadora realizaram uma verdadeira transposição de tempo e espaço, mergulhando num retorno ao passado que era revivido ali, naquele momento, com a intensidade vivencial do narrador.

A experiência propicia ao narrador a matéria narrada, quer esta experiência seja própria ou relatada. E, por sua vez, transforma-se na experiência daqueles que ouvem a história.[2]

Mesmo trazendo consigo, ao longo de sua vida, todas as experiências vividas durante aquele período, os sobreviventes não necessariamente tiveram oportunidade de pegar sua história em mãos, transformando-a em matéria. Fazê-lo com o auxílio de um ouvinte, que teve durante as entrevistas a preocupação e o interesse de sentir-com-o-outro, parece ter facilitado e incentivado cada um a realizar uma tarefa de grande apreensão emocional que, já durante a elaboração do material, proporcionava a satisfação de uma produção que o retrata – um legado para nós, conforme nossos objetivos, mas também um legado para seus descendentes, seus familiares, e seus amigos, para os quais nem sempre o sobrevivente tem a oportunidade de narrar tais acontecimentos com a determinação e com as nuances aqui conseguidas.

O envolvimento emocional intenso produzido neste reviver é mais facilmente administrado por um ouvinte mais distanciado, menos envolvido do que um membro da família. Além disso, pela própria natureza da relação familiar, a contaminação da interpretação subjetiva impede o acesso mais límpido à verdade existencial que procuramos captar no entrevistado.

Cosnier evidencia, na atividade do psicólogo, a função de decodificador dos vários níveis de metalinguagem presentes num

2 W. Benjamin, *O Narrador*, p. 66.

diálogo³. Tal é o olhar característico do psicólogo: apreende tanto o significado denotativo da informação ou fala do sujeito enunciador quanto o significado conotativo impregnado no discurso, mas que nem sempre o falante almeja ou sequer deseja enfocar. O psicólogo, então, exerce a sua atenção em múltiplos aspectos de metacomunicação, posto que a cada fala, seja do sujeito, seja do próprio psicólogo, compreende sempre, e pelo menos, os dois significados acima descritos. Ora, tal é a importância e a chave de sua contribuição para a sociedade: o olhar esclarecedor acerca das relações humanas por lidar não apenas com conteúdos, mas também, e primordialmente, com a dinâmica inerente aos conteúdos, sejam de vivências individuais, sejam de vivências sociais.

Durante as entrevistas, procurei não contaminar o relato com quaisquer divagações teóricas, fossem históricas ou psicológicas. Deixamo-nos levar pelo relato para compreendermos a *Weltanschauung* do entrevistado. Nesse sentido, a nossa indignação recaiu sobre as relações humanas, na apreensão da condição social e existencial que os seres humanos podem proporcionar uns aos outros.

Algumas características dos entrevistados foram apreendidas, bem como peculiaridades de seus depoimentos, que são aqui apresentadas. Cabe salientar que, ao nos depararmos com trechos dos relatos dos sobreviventes, devemos considerar suas singularidades, como idade, nacionalidade, cidade de residência, classe social, grau de instrução e estilo de discurso.

Vejamos então qual perspectiva de mundo – *Weltanschauung* – e de ser humano ficou em cada um destes sobreviventes, com a experiência pela qual passaram, e qual mensagem nos deixam.

ABRAHAM WARTH

Uma vez já tendo tido a iniciativa de gravar suas memórias, em 1986, com a finalidade de constituir um legado para a família, Abraham Warth nos brinda com um relato que fala por si. Formando um relato direto com a ajuda e concordância do

---

3   Cf. J. Cosnier, *Chaves da Psicologia*.

entrevistado, com poucas perguntas complementares, reescritas em suas respectivas respostas, como era de sua preferência, o resultado é um depoimento sempre permeado de análises existenciais que espelham sua personalidade sensível.

Com aquela iniciativa, o sr. Warth – o qual conheci através de sua oferta para o Museu Judaico do Rio de Janeiro a fim de contribuir como futuro entrevistado para a formação de um banco de dados – já possuía três horas de gravação em áudio que continham suas memórias desde a sua infância até os primeiros anos da guerra. Por motivos pessoais e circunstanciais, o sr. Warth não deu continuidade ao seu relato e viu, através do nosso estudo, a oportunidade de concluir a história de sua vida, para os seus e para todos nós.

Assim, nos primeiros encontros, o sr. Warth apresentou o material já existente, a partir do qual foram iniciadas as transcrições, as quais se deram sem maiores dificuldades por se tratarem de relatos diretos, sem interrupções, em ordem cronológica dos acontecimentos, e com voz e dicção impecáveis de quem já fora cantor litúrgico. Através dessas gravações, tomamos conhecimento de parte da história de vida de Abraham Warth, e, a partir daí, demos prosseguimento à sua narrativa, agora com minha ajuda como interlocutora. Como seu intuito era o de deixar registradas as suas memórias como se constituíssem imagens de um filme retrospectivo, a seu pedido, resolvemos registrar seu relato como um depoimento sem interlocutor.

> Eu quero conseguir tentar fazer, sem ser hipnotizado, um retrospecto, até a estaca zero, de onde começa a minha memória, e chegar no ponto em que me encontro hoje.
> Sei que terei muito trabalho em executar isso. Sei também que vou precisar forçar bastante a minha memória, para não pular as pegadas. Chegar retrospectivamente ao meu passado, ou de tudo que possa me lembrar, que traga alguma luz a este livro aberto que são os meus 65 anos [em 1986] dos quais nunca escondi nada, mas também nunca demonstrei ou contei coisa alguma. É o que desejo começar agora. Vamos ver como é que fica.
> Por isso, quero convidar vocês a que me acompanhem neste caminho, para ver como passei a minha infância, a minha puberdade e, também, especialmente, gostaria de frisar, como sobrevivi até hoje. Parece milagre, mas é verdade que ainda estou vivo e, por isso, convido vocês a me acompanharem na minha caminhada, na qual relatarei tudo que

sei, tudo que vi, tudo o que senti, especialmente as atrocidades que vi fazerem com meus familiares, com meus parentes e, sobretudo, com a humanidade. Então, acompanhem-me, por favor.

Como podemos entrever já na apresentação, o relato do sr. Warth é em si fenomenológico e existencialista. Ele fala com o leitor, ou melhor, ele pensa com um interlocutor. Vai descrevendo, em detalhes, sua infância, sua morada, sua escola – o *Heder* –, sua família e sua relação com a religião judaica, sempre como se o estivéssemos acompanhando pelo tempo e espaço descritos. Através dessa descrição, vemos o cenário de Prszemysl, na Polônia, passar como um filme diante de nossos olhos, tendo a oportunidade de conhecer os costumes da época.

Tendo vivido praticamente apenas entre judeus desde a sua infância, quando o jovem rapaz Abraham começa a trabalhar com um não judeu, um novo mundo se descortina à sua frente.

> Aí começou a redução de todos os costumes que eu tinha e até das minhas vestimentas. Começava a encurtar o meu capote, encurtar meus cabelos, que eu tinha comprido como todos os judeus religiosos. Começava a ver que eu tinha que ler não só o *Talmud*. Comecei minha leitura com brochuras que se vendiam nas livrarias, tipo romances, e comecei a ver que fora do *Talmud* existe um mundo enorme, com hábitos que eu nem imaginava e com filosofias a partir das quais eu começava a duvidar de tudo o que havia aprendido até então, inclusive da música que eu cantava. Comecei a ouvir músicas que eu considerava mais bonitas do que o *Kol Nidrei*, a reza de *Yom Kipur*, que eu considerava a melodia mais bonita que eu jamais ouvi. Quando eu ouvi pela primeira vez árias de óperas, as músicas de Tchaikóvski ou de Bach, comecei a duvidar dos meus conhecimentos musicais completos que tinha até esse dia.

Quando da invasão da Alemanha à Áustria em 1938, Abraham já começa a sentir sinais de guerra e de dificuldades para os judeus. A sua descrição dessa situação é feita filosoficamente; é uma descrição fenomenológica, associando a construção do seu entendimento da realidade externa com a apercepção de seu mundo interno.

> Esses foram os primeiros sinais de que haviam tirado todo e qualquer direito do ser humano, escrito em qualquer constituição. O direito à propriedade, os tão famosos direitos humanos foram abolidos desde aquele tempo especialmente, unicamente e exclusivamente dos judeus,

e não de todos. O fascismo não usou as mesmas regras, as mesmas medidas, as mesmas leis, as mesmas atrocidades contra aqueles que não eram judeus e somente aos judeus.

Aos seis milhões de judeus que foram massacrados, assassinados das mais diversas formas já inventadas ao largo da história dos últimos séculos, começaram a praticar, já em 1938, o aniquilamento, através das suas mais diversas armas.

Na busca do entendimento do comportamento dos judeus durante o Holocausto, o sr. Warth nos relembra uma premissa existencial do ser humano:

> Tudo o que se aprende para viver não vale nada para evitar a morte. Ninguém, em nenhuma idade, está preparado para ver a morte. E menos ainda está preparado para evitá-la.

Com a invasão alemã da Polônia, Abraham vê a decadência de famílias inteiras da noite para o dia. A guerra trouxe a destruição e com isso a mudança radical do cotidiano.

> Venha ver comigo o que restou das pessoas que fugiram em carros, cada uma num sentido, pois acabou a gasolina e tiveram que abandonar os carros. Venham ver comigo a tragédia de quase todos para saber como sobreviver no dia seguinte. Não há lógica, não há regras, não há nenhuma maneira de aliviar o nervosismo, a opressão, a beira de loucura de como foi modificada a vida em questão de dias ou horas.

Com o acordo entre Alemanha e URSS, o sr. Warth se tornou um polonês vivendo sob domínio russo até meados de 1940. Quando os alemães entraram em sua cidade, Abraham começou a viver na pele o fascismo, que ele faz questão de assinalar como não sendo uma especificidade alemã.

> Não sei qual estratégia os russos usaram mas, conforme relatam os históricos dessa guerra, demorou muito pouco a retirada dos russos da Polônia. Tanto assim que os russos pararam perto de Leningrado e nós, da cidade de Prszemysl, ficamos sem pai nem mãe; ficamos sem os poloneses no governo, sem os russos para nos ocupar e chegou o novo ocupante chamado fascismo. Porque não creio que devamos chamar de alemão, porque uma nação tem diversas pessoas, de diversas atividades: médicos, cientistas, trabalhadores em geral, que beneficiam a humanidade. Seria uma vergonha chamar a totalidade da Alemanha de fascismo. Quando se trata de política e social, todo o mal é da

doutrina aplicada àquele povo. Por isso temos o direito de chamar "o fascismo, mas não de identificar "os alemães". Sejamos justos com nós mesmos que tínhamos simpatizantes, e muitos, gerações às quais eu posso contar tudo isso.

É interessante notar como o nazifascismo inculcou a noção de judeu como nenhum integrante deste povo tinha pensado até então.

Não sei dizer o que me atingiu mais, se a violência física de bater em nós nas caras, nas costas, nos dando pontapés; se aqueles gritos de "Judeu sujo!", "Judeu de merda!"; se o arraso de nossa dignidade que talvez doesse mais do que os tapas, os pontapés e as dores físicas. Também, era uma surpresa, não dava para raciocinar. De repente, uma pessoa que nunca apanhou, que nunca gritou com ninguém, sem nenhuma razão apanhava! Por que? Só por ser judeu.

Na verdade, tenho que confessar que, com meus 19 anos, sabia do antissemitismo, sabia que existia o fascismo, mas jamais me dei conta da cruz que carregava. Jamais me dei conta que uma pessoa pode ser condenada a perder todos os seus direitos, todas as dignidades de ser um homem, só porque nasceu judeu.

O sr. Warth esclarece sua intenção ao relatar a sua história: a explicitação da sua *Weltanschauung* e das suas verdades existenciais; a relação do ser com a sua existência como relação básica de unidade de vida quando o indivíduo se percebe só no mundo.

Quero frisar que a minha intenção não é só contar as atrocidades que foram feitas com os meus. Não é só contar o que eu passei individualmente, porque há muitas publicações, muito já foi mostrado em filmes e livros sobre as atrocidades, todos já conhecem. Mas eu queria dizer a vocês o que sentiu um rapaz de 18 anos, que não tinha nada de especial na vida, nenhum carrão, nenhuma namorada ou outras coisas que o convidassem a querer viver. Por que eu lutei pela vida?

Naquele tempo, eu achava que, no dia em que nasci, havia sido contemplado com uma propriedade só minha, sem poder dividir, vender ou alugar a terceiros. Era somente minha: a minha vida. O único bem que eu tinha, que era somente meu; e conservar a vida dentro de mim era a promessa de que esta vida ainda veria o sol nascer com o canto dos pássaros, com músicas românticas, e não com músicas de marchas que levam os soldados para a morte, fazendo a guerra. Eu queria proporcionar a essa propriedade, que era a minha vida, a visão de paz, a concórdia entre os humanos, e não as bombas, mortes, tiros, miséria e fome. Essas eram, naquele tempo, as razões da minha vida. Vida que eu achava que ninguém poderia botar as mãos; era a minha propriedade, para eu conservá-la dentro de mim, uma vez que fui contemplado em viver dentro deste mundo com a minha vida, com os meus pensamentos, meus sentidos e, acima de tudo, eu tinha saúde, tinha o direito de não desprezar essa contemplação que haviam me dado há 18 anos atrás, de ser um ser humano vivo.

Tendo passado pelos campos de Schebnya, Auschwitz, Swientochlowicz, Mathausen e Ebensee, o sr. Warth descreve o campo de Mathausen como o pior de todos.

Sobreviver lá, como eu sobrevivi, é como se eu tivesse nascido de novo naquele campo. Porque eu acho que a gente nasce e morre diversas vezes ao longo de uma vida. Nasce, morre e se enterra. Porque, por tudo isso que passamos, nasce um elemento completamente diferente daquele que viveu até então. Às vezes, a pessoa se acostuma com tudo, mas tem que mudar. É a pessoa que tem que mudar, e não as coisas. Não é por não ter um pedaço de pão a mais que nós somos obrigados a morrer. Não! Nós temos algo que nos modifica, que sabemos morrer e enterrar aquele sujeito e fazer nascer no lugar dele uma pessoa que consegue, às vezes em dia, às vezes em horas, adaptar todo o seu ser para viver em circunstâncias completamente diferentes das que viveu até então. E isso aconteceu comigo lá em Mathausen. Eu tive a sorte de, a cada vez, entrar num lugar ainda pior do que aquele em que estivera antes, sendo preparado por mim mesmo, ou por outros, para viver nessas circunstâncias.

No campo de concentração de Ebensee, o sr. Warth, bastante enfraquecido, foi levado para o "Hospital", onde os prisioneiros ficavam deitados esperando a morte, quando então seriam levados para o crematório. Assim sobreviveu por uma questão de dias ou horas, até a chegada das tropas americanas repentinamente.

De repente, ficamos completamente sem guardas. Todos haviam fugido. Um tanque entrou no campo, e dele saíram os americanos para ver o que havia acontecido. O oficial, com uma metralhadora na mão, abriu a porta daquele "Hospital" e entrou. E uma visão que jamais esquecerei é que havia pessoas de uns quarenta anos, que talvez nem tivessem tal idade porque as pessoas de quarenta anos não sobreviviam, mas havia pessoas como formigas em cima do capitão que entrou no

"Hospital". E cada uma dessas pessoas, sem roupa, sem nada, experimentava tocá-lo para saber se aquilo não era uma visão, apalpando-o e beijando até a capota dele. Era uma visão dantesca, que retratava a verdade em que nós estávamos, porque, no fim, ninguém sabia se aguentaria viver 24 horas.

O oficial do exército americano estava em pé, retesado com o que viu. Para ele, aquilo não parecia real. Ele estava parado como uma estátua, não falava, mas tinha lágrimas nos olhos, e só eu vi.

Depois disso, e pelo resto de nossos dias, não dá mais para apreciar nenhuma coisa boa ou má sem se lembrar dessas lágrimas de uma pessoa que só nos conhecia há cinco minutos, que viu quais eram as nossas circunstâncias naquele momento; que ele sozinho, um capitão do exército, não tinha comida para nos ajudar, mas tinha toda a piedade de compreender a situação em que estávamos naquele momento.

Esse fato eu acho que foi o mais emocionante da minha vida; não só na minha vida no campo de concentração, mas eu nunca poderei esquecer esse quadro. Dentro desse quadro estava todo o medo de quatro anos em campo de concentração, em todas as cores que se podia pintar. Todas as dores que nós sentimos durante esses quatro anos estavam pintadas em suas verdadeiras cores, em suas verdadeiras dores, que nós sentimos hora após hora que nós passamos nesse campo de concentração. E isso era algo muito significativo: era o fim da guerra, fim do sofrimento, e o fim de todas as pessoas queridas que morreram antes e depois de nós, por todos os sofrimentos que passaram ao morrer, com o fim da guerra.

Sobreviver a condições subumanas como essas sem nenhuma sequela física ou emocional é praticamente impossível. O sr. Warth reconhece esse estado em si, durante o período após a sua libertação, e faz uma análise de sua recuperação psicológica.

Eu era tão falante, tão falante, que eu não sabia dizer mais nada além de sim ou não. Mais do que isso, eu não distribuía falas a ninguém. Não porque eu não soubesse falar; sabia muito bem falar, hoje eu tenho certeza. Mas eu não confiava em nenhum ser humano, nem para dizer-lhe sim ou não, para eu não entrar na vida de ninguém, e para que ninguém entrasse na minha vida. Era uma necessidade pessoal me distanciar dos seres humanos, porque eu não confiava neles. Hoje eu sei porque eu era assim. Naturalmente, analisei o que me faltava, e hoje eu sei que muita gente trabalhou imensamente para eu voltar a mim, como voltei, graças à ajuda dessas pessoas, e em especial àquela mulher da pensão onde estive em Budapeste. Ela sim, me deu a primeira contribuição para eu saber que estava vivo, como mostrarei a vocês.

A retomada de uma identidade pessoal, nacional, cultural após tantos anos de suplício é muito emocionante.

Tudo isso que nós falamos sobre eu ser um cidadão brasileiro, me dá uma emoção muito grande; muito mais do que eu conto sobre o que aconteceu naquela época. Porque, para o próprio indivíduo é uma coisa intransferível, ininteligível, ter recebido com toda a boa fé, uma pátria; e ele vai saber, simplesmente honrá-la, nada mais. Então, a gente chega à conclusão que todas as outras coisas que levam a uma identidade, todos os episódios que o sujeito vai passar, é muito mais do que dá para contar, muitíssimo mais.

A avaliação do sr. Warth deixa transparecer a sua visão universalista das relações humanas. A sua mensagem se faz no sentido de evidenciar que o fascismo não é um fenômeno vinculado a tempo e espaço passados. Ele se faz presente em todas as intolerâncias sociais que assistimos ainda hoje.

Essa minha narração não teria o seu objetivo atingido se nós não chamássemos a atenção de nossos filhos e netos, amigos e do mundo em geral, do perigo que nos ronda em qualquer país quando o fascismo toma o poder, quando o fim justifica os meios, quando em nome de raças superiores, ou em nome de um nacionalismo exagerado, se subjugam minorias da própria população que ajudou a construir esse próprio país, e as aniquilam com a miséria, com cadeias, com as mortes mais terríveis que até hoje acontecem. Por exemplo, na África do Sul a história se repete até hoje. Não podemos esquecer que o fascismo, a ultradireita são culpados pelas atrocidades das quais eu fui vítima, meu povo foi vítima, que 25 milhões de pessoas que morreram nessa guerra foram vítimas. E o nosso recado seria o nosso chamamento para o perigo que representa o fascismo.

ALEKSANDER HENRYK LAKS

Atual presidente da Sherit Hapleitá do Rio de Janeiro – Associação Brasileira dos Israelitas Sobreviventes da Perseguição Nazista – o sr. Laks faz jus à função exercida, devido ao seu incansável trabalho de denúncia do que foi o Holocausto, sempre respondendo pronta e voluntariamente aos convites para a realização de palestras em escolas, universidades, associações religiosas e sindicais, e para um público das mais variadas características. Independente da idade, sexo, raça, classe social, Seu Henryk fala para e com todos. Dentre vários fatores que contribuíram para essa devoção, está o cumprimento de um dos últimos pedidos de seu pai, Jacob: caso sobrevivesse, sempre contar e nunca deixar que sejam esquecidos os horrores que ambos viveram.

Ele também me disse: "Olha, se você sobreviver, nunca deixe de contar tudo o que aconteceu conosco. Não deixa de contar, mesmo se muita gente não acreditar. De fato, não entra na cabeça de ninguém que uma coisa dessas possa acontecer com alguém; que o homem possa ser tão baixo, para fazer isso com outro homem. Mas, você conta. Você conta, não importa se acreditarem ou não. Você sempre conta, e sempre diz o que aconteceu".

Tal incansável aplicação a esta causa lhe valeu, em 1996, o recebimento da medalha Pedro Ernesto de Cidadão Benemérito da Cidade do Rio de Janeiro, por iniciativa da vereadora Jurema Batista, numa aproximação entre judeus e negros como grupos identificados na luta contra a discriminação.

A voz de seu relato é a voz de uma criança que teve a sua juventude roubada. Seu desenvolvimento foi interrompido pelo nazismo, tendo que, abruptamente, aprender a lutar pela sobrevivência num mundo hostil, e a mudar a sua *Weltanschauung* de menino para a de um adulto. Paradoxalmente, a transposição histórica vivida pelo sr. Laks é tal que, ao final da guerra, teve que conciliar, na volta à normalidade, a cronologia de seus 17 anos, com a visão de mundo do menino que conhecia aquela normalidade somente até os 12 anos.

Nessa época, eu tinha, de fato, 17 anos. Mas, com tudo o que passei, eu tinha 12 anos, porque foi com essa idade que eu entrei no gueto[...]

Sendo um menino de 12 anos de idade, Henryk ainda não tinha a plena capacidade de entendimento do significado de algumas palavras, principalmente daquelas que não faziam parte do seu cotidiano.

Quando começaram a falar que iriam construir um gueto, meus pais me explicaram o que é um gueto. Para mim, tudo era novidade. Eram palavras que eu nunca tinha ouvido falar.

Em seu relato, o sr. Laks é o personagem-narrador de uma história vivida, sem a autocompaixão da vítima, mas sim com a indignação de quem sobreviveu transcendendo a morte e, simultaneamente, se interrogando indignado acerca daquela mesma situação vivida, como se buscando algum sentido em passar por tudo aquilo. Para nós, o sentido fica evidenciado ao longo de toda a sua vida posterior através do trabalho de conscientização quanto à necessidade de o homem repensar o próprio homem.

Levamos as coisas num carrinho puxado à mão. Ao ver isso, os poloneses, ao invés de ter um pouco de humanidade – nós não queríamos piedade, mas sim solidariedade – quando nós passávamos nos diziam: "Ei, me dá esse sobretudo! Você vai morrer de qualquer maneira." Outro dizia: "Tira e me dá esse sapato. Você vai morrer mesmo." Esses eram os nossos vizinhos de ontem, com os quais nós nos dávamos tão bem e com os quais convivíamos, tendo a esperança, juntos, de que o nosso exército polonês derrotaria o exército alemão. Quando nós passávamos, indo para o gueto, e ouvíamos as exigências dos poloneses, doía tanto... Até hoje dói. Em vez de olharem pensando, com pesar: "Meu amigo talvez esteja indo para a morte", pensavam nos nossos objetos: "Você já está indo para a morte mesmo, me entrega o teu sobretudo, teu sapato", diziam.

Tanto em seu trabalho como em sua vida, o sr. Laks procura esclarecer questões acerca do Holocausto tomando por base a sua própria experiência – e a condição humana comum a todos os que o ouvem.

Durante o trajeto, vi muitos lavradores trabalhando a terra. Olhando por uma fresta, lembro que uma mulher gorda cruzou os dedos fazendo um sinal da cruz para nós. Na época, pensei que ela estivesse rezando por nós, ao mostrar uma cruz. Mas não era isso não. Ela mostrou a cruz porque estávamos indo para a morte, só que nós não sabíamos.
Depois da guerra, dizia-se que ninguém sabia de nada, e quem sabia não podia fazer nada. Como não sabiam? Se esta mulher fez um sinal da cruz para nós, ela sabia. Se ela sabia, todos que trabalhavam naquela região, sabiam. E se estes todos sabiam, a aldeia também sabia. E se a aldeia sabia, a cidade sabia. E se a cidade sabia, o povo todo sabia. Mas ninguém fez nada. Éramos judeus.

O entendimento da realidade aos olhos de um menino junto de seu pai ainda é permeado de esperança de uma vida melhor, sempre mantendo-se juntos.

Não sei dizer quanto tempo nós viajamos. Era de madrugada, quando o trem entrou num desvio e parou. Olhei por uma fresta e vi tudo limpo, tudo verde. De um lado, vi um complexo que parecia um alto forno. Bem em frente, vi um portal onde em cima estava escrito: *Arbeit Macht Frei*, ou seja, *O Trabalho Liberta*. Sabíamos que não seríamos libertados pelo trabalho; até aí é ponto pacífico. Mas, onde tem trabalho, tem vida. Pelo menos lá dizia *trabalho, arbeit*.

No portão, havia pessoas bem nutridas, fortes, limpas, de uniforme listrado. Eu disse para o meu pai: "Olha, pai, aqui fora. Acho que desta vez nós não fomos enganados. Olha como está tudo bonito aqui fora. E naquele lado tem um alto forno metalúrgico. Quando sairmos, você diz que é metalúrgico também, e ficaremos juntos".

Mas não era nada disso. Eu estava em Auschwitz!! Para mim, Auschwitz não dizia nada. Aquilo que parecia um alto forno, de fato era o crematório. Lá se queimava pessoas 24 horas por dia. Essa frase *Arbeit Macht Frei* era uma farsa.

A ilusão é desfeita pela própria realidade. O que antes parecia uma possibilidade de viver melhor era, na realidade, as portas para a não vida.

Sempre que alguém queria perguntar alguma coisa, recebia como resposta: "Cale a boca! Você está em Auschwitz!". Certo, eu já sabia que eu estava em Auschwitz, mas o que é Auschwitz? Eu não sabia. Então me disseram: "Daqui só existe uma saída: pela chaminé" – quer dizer, pela chaminé do crematório – "Aqui ninguém sobrevive, então cale a boca e faça o que lhe é ordenado."

As descrições feitas pelo sr. Laks impressionam não apenas pelo conteúdo, mas em especial pela clareza com que são narradas. Pelos horrores que representa, Auschwitz tornou-se quase uma metonímia do máximo de degradação da condição humana.

Considero Auschwitz um marco divisório da humanidade. Existe o antes e o depois de Auschwitz. Quem viveu uma noite em Auschwitz, pode viver cem anos depois, e não vai conseguir comparar o que viu naquela noite. Na minha primeira noite em Auschwitz, eu vi um homem, que estava ao lado de meu pai, ser levado pelos *Kapos* e *Stubendienst*, que apertaram a garganta dele até morrer asfixiado ao meu lado. No dia seguinte, eles pegavam na cozinha as porções de pão que sobravam, pois os mortos eram contados como vivos. No outro dia contavam novamente, e à noite matavam de novo. Matavam de acordo com a quantidade de pão e salame que eles precisavam.

O Holocausto foi um período tão paradoxal para os judeus que, para nós, assim como é difícil conceber o extremo da violência, também talvez o seja apreender o extremo da benevolência e da solidariedade, como nesse momento em que Jacob Laks, já sem forças de se manter em pé, em plena "Marcha da Morte", disse ao seu filho que não iria aguentar mais aquela caminhada, e que iria se sentar. Em se tratando da "Marcha da Morte", sentar significava ser morto, pois os guardas não deixavam vivos quem não os acompanhassem.

Meu pai me deixou esse legado para sempre contar o que aconteceu, e disse que ia se sentar. Aí, eu disse a ele: "Meu pai, se você se sentar, eu sento contigo. Eu não quero viver sem você, não quero viver mais." E ele, de fato, queria que eu sobrevivesse. Uma pessoa ao lado que, infelizmente, já não está mais entre nós porque estava muito mal de saúde, ao ouvir a nossa conversa, disse para o meu pai: "Olha, eu te dou o meu ombro e você se encosta. Enquanto você puder, você vai andando junto. De um lado você encosta no teu filho e de outro lado você encosta em mim, e vamos andar enquanto pudermos, até cairmos os três juntos." Este gesto é tão sublime que eu não sei se hoje uma pessoa vivendo em condições normais pode conceber a grandeza deste gesto. Uma pessoa dessas, que também estava morrendo, estava caindo, ofereceu o seu ombro para nós seguirmos... E, de fato, meu pai viveu mais um tempinho.

Por uma questão de dias e de circunstâncias, Henryk perdeu seu pai, que sempre esteve ao seu lado, protegendo-o e guiando-o desde o seu nascimento.

Meu pai estava morto. Eu vi os piolhos descerem dele. Piolhos não ficam em cadáveres. Meu pai havia morrido. Juntou-se aos seis milhões de judeus que pereceram no Holocausto.

O retorno à normalidade acarreta um choque de percepção do mundo. O sr. Laks nos mostra como um sobrevivente leva algum tempo para readquirir os padrões de normalidade.

Nos campos e nos guetos, acreditava-se que a casca de batata era a melhor vitamina. Pela primeira vez, quando fui pedir comida numa granja, perguntei à dona se ela não teria, por acaso, casca de batata. Ela me olhou, assim, de modo estranho, e perguntou: "Para que você quer casca de batata? Você cria porcos?". Eu disse que não. Disse que nós fomos libertados na cidade de Immendingen, não muito longe dali, e temos um grupo que precisa comer. Ela perguntou: "E porque você não pede batatas? Não quer levar batatas?" Eu disse: "Ah, é mesmo, nem me passou pela cabeça que podia pedir batata." Eu pedi casca de batata, porque estava fora do normal.

E era assim. Ovo, por exemplo. Não me lembrava de como é um ovo. Para mim, um ovo era uma coisa redonda e esse era oval. Era uma coisa redonda e no meio tinha alguma coisa preta, amarela e de outras cores. E quando abri, tinha só amarelo e branco. Eu tinha esquecido como era um ovo. Durante cinco anos eu não vi um ovo, e nem me lembrava mais como era.

A discrepância é tão forte que ainda hoje aspectos do cotidiano são passíveis de evocar imagens e sensações vividas num passado cada vez mais distante, levando a uma ponderação acerca de qual seria o sentido da nossa existência.

CHAIM NAJMAN

Num relato enfático e contundente, o sr. Najman enuncia todo o seu sofrimento durante o período nazista. As dores físicas e emocionais se misturam e se complementam: Chaim apanhou muito durante a guerra.

Nessas duas semanas em que fiquei em Auschwitz, fui tatuado com o número *6698* série *B*, e duas semanas depois fui levado para o campo de trabalho, a trinta quilômetros de Auschwitz, num lugar chamado Glaivitz. Eu, que era alfaiate, fui colocado para construir linhas de trem. Naquele tempo eu pesava uns 25 ou 26 quilos; imagine só, para levantar, carregar linhas de trens que são tão pesadas... Como poderia conseguir? Então, eu apanhava todo dia, pois eu não aguentava o trabalho.

A decepção para com o povo de sua pátria de origem, Polônia, reflete-se numa ferida que não cicatriza. O nazismo alemão deu novos ânimos ao antissemitismo polonês, constituindo uma aliança fundamental para o seu êxito.

Na Polônia, os nazistas tiveram ajuda! Quem nos espancava nos campos de trabalho eram os poloneses; e eles falavam que iam nos exterminar. Houve um polonês de Cracóvia que me disse: "Eu já matei muitos judeus e vou matar você também." Isto tudo ajudou muito aos nazistas a invadir a Polônia e fazer tudo o que quisessem.

À medida que vai rememorando os acontecimentos, o sr. Chaim permite aflorar suas indignações que resultam, em última análise, num questionamento existencial acerca da natureza e da relação do ser humano com seus semelhantes.

Assim, eu fui levando até fins de agosto, início de setembro. Estava muito frio, a gente mal se aguentava, mas tinha que aguentar para sobreviver. A gente não pode imaginar como eles podiam fazer essa barbaridade com os seres humanos. Os homens são todos iguais! Nós somos como eles, e eles são como nós! Mas, como eles nos mataram desse jeito?! Nos tatuaram, nos jogaram no chão...

O que a história nos mostra é que o homem desprovido de consciência crítica cria categorias para diferenciá-lo de outros homens e justificar sua incapacidade de pensar no outro como um ser, e tratando-o como coisa. A resposta do sr. Chaim foi de se aproximar ainda mais dos integrantes de seu povo, colocando-se disponível ao outro ser humano com o qual se identifica e jamais incorrendo na "coisificação" da qual foi vítima.

A primeira coisa que os nazistas fizeram quando invadiram a Polônia foi acabar com as sinagogas. Destruíram todas as sinagogas da Polônia. Isso doeu. Como judeu, eu dava a minha vida – como dou até hoje – para salvar um judeu. Pelo judaísmo, eu dou a minha vida. Sofri como judeu, e quero morrer como judeu, como judeu sério. Não é preciso dar dinheiro para ser judeu. Pode-se ser um bom judeu sem dar dinheiro, ajudando os amigos; dar o seu sangue, quando for preciso. Isso é ser humano! Eu gosto muito do meu povo. Eu adoro o meu povo. Já sofri muito como judeu, e como judeu eu vou morrer. Se os nazistas chegassem perto de mim e dissessem: "Deixa de ser judeu para salvar sua vida", eu não me entregaria. Eu morreria como judeu. Sou assim, teimoso.

Vemos como o amor ao povo judeu é um dos pilares existenciais e ideológicos de sua sustentação, dando-lhe força para continuar a viver e ainda acreditar nos homens.

Meus queridos irmãos, filhos, jovens, judeus, segurem bem o Judaísmo. Cuidem bem do Judaísmo. E tomem conta do nosso povo, nós precisamos de vocês. Eu já sou velho, mas vocês, jovens, tomem conta do nosso povo, do nosso eterno país que se chama Israel. Amém.

Quando perguntado sobre a atribuição de sua sobrevivência, o sr. Najman responde com base numa triste constatação, que coincide com um dos motivos que nos trouxe a esse estudo: a de que ainda hoje existem pessoas que insistem em dizer que o Holocausto foi uma mentira forjada pelos judeus, apesar de todas as evidências materiais, históricas e pessoais. Viver num mundo no qual se assiste à tentativa de reescrever a história com base num jogo de palavras, e não em si mesma, é perturbador. Tendo sobrevivido a um período de tanta violência, do qual foi testemunha ocular, o sr. Chaim ainda se vê obrigado a conviver com a deturpação dos fatos de sua história de vida.

Não sei, ao azar. Já passei tanta vergonha depois da guerra à qual sobrevivi, que eu já me perguntei para que sobreviver? Para escutar uns canalhas dizerem que tudo isso é mentira? Não vale a pena.

É para dar voz aos sentimentos como os do sr. Chaim, tantas vezes calados pelo curso dos acontecimentos, que nos solidarizamos com aqueles que contribuem com suas próprias vidas para que a história reflita o próprio homem e não apenas o julgue.

EDWARD HEUBERGER

Polonês de Cracóvia, o sr. Heuberger – ou Edek, como prefere ser chamado, numa carinhosa alusão à alcunha de seu primeiro nome – é um dos sobreviventes da "Lista de Schindler" e já era adulto quando do início da Segunda Guerra Mundial. Suas experiências de então têm o olhar e a análise compatíveis com um indivíduo de formação superior e de conhecimentos militares, ainda que não tenha sido aceito no serviço militar polonês, porém nele alistando-se como voluntário, quando no início da guerra.

Vou falar agora sobre um caso meu característico, próprio de antes da guerra. Em 1932, quando completei 18 anos de idade, a minha obrigação era me apresentar para o serviço militar. Mas, recebi uma prorrogação até terminar os estudos. Em 1936, já formado, apresentei-me novamente. Mas, sem qualquer exame médico – eu era fisicamente forte e saudável – não me aceitaram, e me transferiram para a reserva. Compreendi logo o motivo: naquele tempo, o antissemitismo na Polônia já era muito forte e eu, já formado, teria que entrar automaticamente para a Escola de Oficiais – mas o antissemitismo prevaleceu. A Polônia não queria mais ter oficiais do exército judeus.

Mas isto não me impediu de, quando a guerra começou, com a invasão da Polônia, me juntar como voluntário às colunas do Exército Polonês em retirada para o Leste. Dia 4 de setembro, saí de Cracóvia como milhares de outras pessoas, antes da ocupação da cidade pelo exército alemão.

O seu olhar avaliador obtido nesse período militar o acompanhou durante a guerra:

Conforme a minha curta experiência militar do início da guerra sabia que a batalha estava se desenrolando a uns 30 ou 40 km de nosso campo, e que os russos não deveriam estar longe. Então, a gente tinha esperança de que os alemães não tivessem tempo de nos transferir para os campos na Alemanha porque ainda éramos vários milhares no campo. Nossa esperança era de que os russos chegassem rápido, e os alemães simplesmente nos abandonassem.

Inicia o seu relato reafirmando sua habilidade mnêmica, mesmo com o tempo decorrido e em função de sua idade, por saber que são fatores levados em consideração pelo leitor, numa preocupação sempre presente de se fazer claramente inteligível:

Nasci em Cracóvia, capital do estado do sul da Polônia, palco do cenário do filme "A Lista de Schindler", de Spielberg. Nasci em 1914, e hoje, com 82 anos, a minha memória funciona perfeitamente bem.

Com muitas histórias para contar, Edek chega a ponderar sobre a concatenação de todas elas:

Tenho histórias que não acabam mais porque, contando um episódio, aparece na memória logo um outro, sem conexão cronológica e vai assim sem fim.

Tal circunstância é prevista pela técnica de história de vida, à qual lançamos mão durante as entrevistas, sendo mesmo uma característica de tal técnica[4]. Procuramos deixar o sr. Heuberger à vontade quanto às alusões que fazia a cada imagem e lem-

---

4 M.I.P. de Queiroz, Relatos Orais, em O. de M. von Simon (org.), *Experimentos de História de Vida*.

brança que vinham a sua mente, pois sabia que cada uma delas possuía mais uma preciosa informação para nossos arquivos. E com isso, mesmo intercalando uma nova história entre uma e outra lembrança, Edek percebeu que facilmente retornava ao ponto da narrativa interrompida.

A curiosidade em torno da sua condição de sobrevivente de "A Lista de Schindler" foi incrementada após o lançamento do filme homônimo dirigido por Steven Spielberg, baseado no livro do escritor Thomas Keneally com a colaboração de vários sobreviventes em todo o mundo, entre eles o sr. Heuberger:

> Muitos outros, quer fossem sobreviventes Schindler ou aqueles que conheceram Oskar no pós-guerra, deixaram-se entrevistar e forneceram generosamente informações através de cartas e documentos. Nessa lista estão incluídos Frau Emilie Schindler, sra. Ludmila Pfefferberg, [...], sr. Edward Heuberger, [...], e muitos outros.

Algumas descrições do sr. Heuberger nos remontam a cenas do filme de Spielberg, como o calçamento da entrada do campo de Plaszów com pedras tumulares profanadas do cemitério judaico.

> Lá, os judeus do grupo de construção do campo [*Baukolone*], preparando o terreno, foram obrigados a quebrar todos os túmulos, e as pedras serviram para calçar algumas ruas – fato bastante conhecido. A sinagoga com a capela mortuária, construída em estilo oriental, foi transformada em estábulo, quer dizer, os sacrilégios eram sem fim, uma coisa difícil de acreditar.

Assim como algumas descrições nos lembram o filme, o sr. Heuberger descreve outras cenas do filme assinalando diferenças entre a ficção e o real, que frequentemente ocorrem quando da reconstrução de um fato ocorrido.

> Baseado nesse romance, um outro homem talentoso, o famoso cineasta Steven Spielberg, auxiliado por outro sobrevivente do "campo-fábrica" de Oskar Schindler, e usando a sua imaginação, fez o filme "A Lista de Schindler", e assim alguns fatos tinham de ser diferentes da realidade. Mas, numa visão global, o filme é um perfeito e fiel espelho de nossas vidas, e do caráter e da coragem de Oskar Schindler.

Uma curiosidade, ou acaso do destino, nos chamou a atenção em certa passagem de seu relato: o barracão onde o sr. Heuberger ficou alojado no campo de concentração de Plaszów ficava exatamente sobre o lugar aonde havia sido enterrada a sua avó. Uma coincidência paradoxal de encontro entre vida e morte, num lugar onde a possibilidade de viver ou morrer conviviam lado a lado.

O segundo cemitério, relativamente novo, já estava quase cheio, então foi construído o terceiro cemitério em Plaszów, e exatamente no terreno deste cemitério foi construído o campo de Plaszów. Os primeiros dois cemitérios encontram-se no bairro judeu da cidade. Neste novo cemitério, já foi enterrada a minha avó, e curiosamente o barracão chamado "Bloco" nº 29, onde eu morava, ficava no lugar onde minha avó havia sido enterrada. Eu conhecia este lugar porque com a idade de 18 anos acompanhei o enterro.

Pelo seu relato, vemos que o sr. Heuberger trabalhou muito durante todos os anos que sobreviveu como prisioneiro judeu – e a sua condição de mão de obra aproveitável, valorizada pela sua formação de engenheiro, muito lhe ajudou a sobreviver. Outro fator preponderante era a sua aparência na época, pois apresentava traços de gói, isto é, não judeu. Além disso, o seu sobrenome não é tipicamente judaico, mas sim alemão. Contudo, nunca se passou intencionalmente por não judeu.

Como outros entrevistados, Edek parecia predestinado a viver. Mais de uma vez passou por situações em que poderia ter morrido, mas que, por sorte, destino ou outra explicação, acabava se salvando. Mas, para além dessas especulações metafísicas, o sr. Heuberger também procurava se cuidar, apesar de todas as adversidades. Sabemos que não é fácil aguentar um banho frio no inverno, entretanto, seu efeito é revigorante. E para limpar seu corpo e sua alma, Edek se predispunha a enfrentar, sob o risco de ser castigado, o rigoroso inverno polonês nas calhas do lavatório.

Mas chegou o inverno. Quando se podia tomar banho, lavando-se, tudo bem. No inverno de 1942 para 1943, o campo ainda não havia sido fechado, muita gente vivia ainda no gueto e no próprio campo tínhamos ainda nossas roupas, toalha, sabão etc. Mas no inverno de 1943 para 1944, já fechados em campo de concentração, a situação era diferente e parece-me que eu era o único que estava fazendo o seguinte – porque eu nunca vi alguém fazendo o mesmo: quando ainda estava escuro, de madrugada, eu saía do alojamento vestido como todos nós, de uniforme listrado e sapatos com solas de madeira, corria pela rua coberta de neve para o lavatório e tirava toda a roupa. Do lado de fora, devia estar uns 20 graus abaixo de zero, e dentro do galpão uns 10 graus. Eu deitava-me nu na calha, abrindo as bicas que ficavam em cima de mim. O cano com as bicas era protegido com palha para a água não congelar. Às vezes, eu tinha um pedaço de sabão que recebíamos, mas que era de muito má qualidade, uma pedrinha dura. O primeiro contato com a água era tremendamente chocante, mas logo eu não sentia mais frio. Ao contrário, me parecia que a água ficava aquecida porque o ar do lavatório era bem mais frio. Secava-me com o que pudesse, às vezes com as próprias calças. Assim, eu me lavava uma vez ou outra, e corria de volta para ter tempo de tomar café e ir para o pátio de chamada.

Segundo o sr. Heuberger, a diferença de qualidade de vida dos campos de concentração para o campo-fábrica de Schindler era notória. Para nós, fica a possível conclusão de que, apesar das acusações de oportunismo e exploração para com o judeus, Schindler tratava-os, dentro de suas possibilidades, com um qualitativo de vida bem superior aos dos outros campos. E isso pode ter sido um fator que tenha auxiliado na sobrevivência de cada um dos "sobreviventes Schindler".

Mas, finalmente, chegamos a um edifício muito grande e fomos para o sótão, onde nos esperava algo excelente: os beliches limpos, de palha nova, ambiente aquecido pois, por lá, passava uma tubulação de caldeiras, quer dizer, não havia fogões, mas era aconchegante. Sentimos que éramos gente de novo. Já nos esperava uma sopinha quente de beterraba preparada na cozinha. Já começava outra vida. Começava a vida na fábrica de Schindler.

As controvérsias acerca da personalidade de Oskar Schindler aumentam ao constatarmos que ele proporcionava aos "seus judeus", como carinhosamente se referia ao grupo, momentos de respeito à cultura judaica, através dos quais não obteria, diretamente, nenhum ganho pessoal.

Um dia, alguém morreu, e morreu de morte natural. E agora, o que fazer com o morto? Imagine o que Schindler fez: preparou de noite um furgão, ferramentas, e dez pessoas e um soldado, levaram o corpo do homem morto para fora do campo e lhe fizeram um enterro judaico, com *Kadisch* e tudo. Uma coisa inimaginável no campo de concentração.

Como o próprio Edek nos diz, só a sua saída após a libertação, com o fim da guerra, daria um livro. Isso porque, como aparece nas cenas finais do filme, Oskar Schindler saiu de seu campo-fábrica escoltado por aqueles que seriam os seus únicos amigos pelos resto de seus dias: os "seus judeus". E o sr. Heuberger foi um desses judeus a escoltarem Schindler até um lugar seguro, uma vez que era visto como traidor pelos tchecos, por ter traído a sua nacionalidade durante a guerra, pelos alemães, por ter colaborado, abrigado e defendido judeus durante o período nazista, e pelos russos, por ser um capitalista burguês e colaboracionista dos alemães.

Através do filme, a temática do Holocausto ganhou novamente projeção mundial, ainda que cinquenta anos depois. O interesse de várias parcelas da população fez com que o sr. Heuberger apresentasse várias palestras no Brasil. No entanto, como os demais entrevistados, ainda não havia concretizado a ideia de registrar por escrito a sua história. Ao fazê-lo, Edek mostrou-se um aplicado revisor de seu relato, exercitando a fluência de alguns de seus idiomas: polonês, alemão e português. Tal seriedade muito nos ajudou a manter fiel o seu estilo de expressão.

Uma das características mais marcantes de Edek é o seu bom humor, de grande influência para conseguir chegar à sua idade com espírito jovial, que se faz presente mesmo ao falar de assuntos delicados. Durante a realização da entrevista, o sr. Heuberger descontraía a tensão, inerente à situação relatada, ao contar situações inusitadas que também ocorriam naquela época.

> Entrei no ambulatório do dentista. O oficial de avental branco me recebeu, mandou abrir a boca, inspecionou e começou a fazer as anotações: nome, sobrenome, idade e profissão. Ele parecia uma pessoa simpática, acessível, então puxei uma conversa na qual ele admitiu que a principal função dele com os novatos no campo era anotar a quantidade de coroas ou pontes de ouro que tinha cada prisioneiro para, após a morte dele, não se perder o precioso metal no forno crematório. Simpático, não é?

Dentre os *hobbies* do sr. Heuberger, como jogar cartas, nadar, conversar, destaca-se a manutenção de correspondência com amigos da época da guerra, que vivem em várias localidades do mundo. Sua mensagem final é impregnada de sua *Weltanschauung* universalista e fraternal.

E assim foi o início da minha conversa com os alunos do Colégio São Bento. E eles ficaram tão interessados que o silêncio era tal que daria para se ouvir até uma mosca voando. No final da palestra, eu disse a eles: "Vocês me pediram para eu falar sobre o que era o nazismo e sobre o meu passado nos campos de concentração. Mas eu gostaria também de dizer para vocês que o antagonismo religioso e racista provoca somente a inimizade e a infelicidade, e só o amor ao seu próximo e a compreensão mútua constrói. No fim das contas, somos todos seres humanos, todos crentes num único Deus. Afinal, quem era Jesus? Ele era judeu também. Quem eram os apóstolos? Todos eles eram judeus também. Afinal, nós todos somos uma família! Vejam o que se viu durante as perseguições, durante as cruzadas, durante o tempo de Hitler, quanta destruição! Já é tempo de parar com isso; já é tempo de conviver, e de viver em paz." Com estas palavras, cheguei ao final da minha palestra. As perguntas eram várias, todo mundo estava tão interessado que não me deixaram sair, me levaram até o elevador, até o pátio, até o carro... Fiquei tão satisfeito porque eu senti que eu fiz alguma coisa boa.

O Holocausto ficou no passado. Uma vez ou outra algumas pessoas lembram de que houve Segunda Guerra Mundial. O pessoal que participou ou viveu durante esse tempo vai aos poucos ficando no passado, mas vocês jovens nunca esquecerão de que houve o Holocausto, como ninguém esqueceu que houve também as cruzadas, as perseguições, a Inquisição, a queima dos judeus nas fogueiras. Não esquecerão também de que, quando os judeus foram expulsos da Espanha e de Portugal, chegaram para o Brasil; as adversidades daqueles tempos e o antissemitismo não acabaram até hoje... Então, a história continua. Mas graças a Deus nós não estamos mais só dispersados pelo mundo, temos também mais uma pátria. Cada judeu tem duas pátrias: uma pátria real onde ele mora, e outra pátria sentimental, coroada com Jerusalém, que hoje é Israel.

Muito obrigado.

KURT HOMBURGER

Devido à previdência de meu pai (já demonstrada ao sair de Viena em 1924), vim para os Estados Unidos em janeiro de 1940, durante a pretensa guerra. Partimos da França, onde eu nascera e fora criado, em segurança. Assim, aconteceu que eu não estava lá quando se fez a chamada. Não fiquei de pé na praça pública com as outras crianças, aquelas com quem tinha crescido. Ou vi meu pai e minha mãe desaparecerem quando escancararam as portas do trem. Mas, em outro sentido, sou um sobrevivente, e não intacto.

Como George Steiner, Kurt questiona a sua inserção como sobrevivente do Holocausto pela sua chegada ao Brasil em 1938. Apesar de compreendermos o seu ponto de vista, ainda assim é válido o seu testemunho: pelo palco do cenário de sua narrativa – Offenbach am Main, Alemanha (sendo, dentre os nossos entrevistados, o único com tal nacionalidade); pelos acontecimentos ocorridos com seu pai; pelas ocorrências sociais vividas pelo menino Kurt, em especial a Noite de Cristal, fato que mais o marcou.

Continuando a narrar a vida dos judeus na Alemanha, eu acho que o episódio mais importante e talvez um dos mais dramáticos que eu vivi, como criança, na Alemanha, foi a Noite de Cristal [...]. Eu tinha 8 anos em novembro de 1938, quando se deu a Noite de Cristal [...]
Os nazistas na Alemanha aproveitaram o ensejo para marcar um dia, que foi o dia 9 de novembro de 1938, um dia muito próximo, logo em seguida a esse fato que se deu em Paris, para desencadear uma operação contra os judeus na Alemanha toda, ou seja, uma ação planejada para o mesmo dia, para uma mesma hora em todo o país. Esta ação tinha por efeito, primeiro, destruir todas as sinagogas que existiam; segundo, destruir todas as lojas pertencentes a judeus; terceiro, invadir as residências dos judeus, quebrá-las e saqueá-las. Massas de antissemitas da pior espécie compunham, com tropas e policiais, a multidão que recebeu ajuda, apoio e força do governo da Alemanha para efetuar aquele ataque. E foi tão violento que deixou vários mortos.
[...]
O acontecimento teve esse nome, Noite de Cristal, porque as vitrines das lojas dos judeus foram quebradas, além das sinagogas e das residências, representando a quebra dos cristais. Noite de Cristal significa, então, o episódio que ocorreu na Alemanha em 9 de novembro de 1938, particularmente referindo-se às vitrines das lojas quebradas.

Durante a entrevista, Kurt procurou ser preciso quanto às informações que transmitia por suas vivências e/ou lembranças, distinguindo-as das informações por ele obtidas em leituras e pesquisas posteriores, exatamente por saber da limitação natural quanto à sua idade na época. Tal preocupação auxilia o leitor na apreensão do relato fiel de uma criança, minimizando possíveis dúvidas quanto às informações ali contidas serem fruto de vivências ou de pesquisas.

Os judeus que ocupavam posições destacadas, perderam essas posições e é evidente que eu, como criança, não me lembro disso; só posteriormente me inteirei do assunto, através de leituras.

Outras peculiaridades sociais ocorridas com os judeus alemães, conhecemos através do relato de Kurt, como a obrigatoriedade, para os homens, de acrescentar o nome "Israel", e para as mulheres de acrescentar o nome "Sara" aos seus nomes e registros de nascimento, com a finalidade de marcá-los ainda mais como judeus, idealizada por Hans Globke[5].

E a outra observação é mais séria. Na época em que eu tinha oito anos, todos os judeus que viviam na Alemanha foram obrigados a se denominar, além de seu nome próprio, como "Israel", quando homem, e "Sara", quando mulher. E o meu nome, na época, passou a ser Kurt Walter Günter Israel Homburger. O nome da minha mãe, por exemplo, que era Johanna Homburger, passou a ser Johanna Sara Homburger. Essa foi uma imposição que os nazistas fizeram aos judeus, naquela época.

O revivescer das experiências vividas pelo menino Kurt nessa época foi gratificante para o homem Kurt, que teve a oportunidade de rever esse período da sua história, sem o receio de não conseguir responder a questões passíveis de escapar à uma criança. Por saber desta sua condição, procuramos exatamente valorizar a *Weltanschauung* do menino Kurt, buscando captar as nuances de sentimentos e pensamentos típicos da infância, vividos numa situação social atípica, pois aí reside a sua contribuição fundamental para o nosso repensar.

Sofia – Durante o período em que seu pai esteve preso, fora de casa, você se recorda de sua angústia, como criança, junto à sua mãe, por não saber quando o seu pai voltaria?

Kurt – Sem dúvida que havia uma angústia muito forte de minha parte, desde o momento em que meu pai saiu de casa levado por dois representantes da Gestapo. Lembro da minha preocupação quanto ao fato de que meu pai provavelmente estaria com o cabelo raspado. Quando meu pai ligou de uma estação de trem, na volta do campo de concentração de Dachau, minha primeira pergunta foi essa: "Você está careca?" – e ele estava. Essa pergunta tinha a ver com uma angústia não só de rever o meu pai, mas também de todos os acontecimentos que estavam ocorrendo.

5 Cf. H. Arendt, *Eichmann em Jerusalém*.

[...]
Voltando um pouco mais para trás, eu gostaria de lembrar um fato que ocorreu na Alemanha, e que era um daqueles indícios bem claros, bem nítidos, sobre a dificuldade que se oferecia aos judeus. O exemplo mais vivo que eu lembro é a proibição ao judeu de frequentar todos os lugares públicos, o que incluía lojas, cinemas, teatros, e outros lugares que eu não me dou conta nesse momento. Lembro que, como criança, eu queria ver um espetáculo teatral em Frankfurt. Era um espetáculo infantil, e minha mãe me levou. Ela não enxergava bem de longe e me perguntou se havia alguma placa onde estivesse escrito "Für Juden verboten", isto é, "Proibido aos Judeus". Essa era a placa característica que todas essas lojas, casas de espetáculos e outros locais ostentavam, proibindo a entrada de judeus. E eu vi, de fato, que havia essa placa, mas como eu queria muito ver esse espetáculo, eu menti à minha mãe, e disse que não havia placa nenhuma, e que nós podíamos entrar tranquilos. Não me dei conta de que poderia haver um perigo pelo fato de uma transgressão a essa proibição.
[...]
O meu julgamento infantil baseava-se nesse contraste entre um sentimento que eu achei que deveria ser de plena felicidade, isto é, conseguimos o nosso objetivo, estamos no navio, estamos nos afastando da Alemanha, e o choro da minha mãe, que significava a tristeza do abandono que, para mim, não era da irmã, era da situação antigamente boa que a gente vivia na Alemanha, apesar de todos os males.

LEJBUS BRENER

Ao ser contatado, o sr. Lejbus Brener, mais conhecido aqui no Rio de Janeiro como sr. Leon Brener, concordou prontamente em dar o seu depoimento, tendo sido um grande incentivador do presente estudo de cunho psicológico na busca do entendimento da questão judaica no Holocausto.

Grande simpatizante da psicologia, ainda que não tenha tido a oportunidade de levar a cabo estudos acadêmicos nessa área, devido à guerra e à necessidade primordial de trabalhar para sobreviver, o sr. Lejbus Brener naturalmente perfila questionamentos de cunho psicológico ao longo de seu relato. Em sua opinião, é nessa vertente de compreensão que residem possíveis respostas sobre a condição dos judeus durante a Segunda Guerra Mundial.

Ao tomar conhecimento, ainda na fase de contatos preliminares, de que a entrevista seria gravada em audiocassete,

Lejbus ficou preocupado com o resultado de uma gravação ao vivo, considerando dois fatores: o seu estilo de raciocínio – ele mesmo gosta de ter tempo para concatenar e construir seu pensamento de modo a sair de forma clara e inteligível, e o seu sotaque, que poderia dificultar a transcrição.

Quanto à sua segunda preocupação, fiz questão de eu mesma transcrever as gravações por já estar mais adaptada à voz e aos sotaques dos entrevistados a partir dos encontros realizados, minimizando tal dificuldade de entendimento. Já a primeira preocupação do sr. Brener foi respeitada, de modo, inclusive, à deixá-lo à vontade na solução por ele sugerida e realizada: antes do primeiro encontro, o sr. Brener preparou por escrito o seu depoimento. Com isso, no primeiro encontro, foi preenchida a ficha de dados pessoais, e passamos à leitura do depoimento escrito. No entanto, logo a seguir, passamos à entrevista complementar, gravada em audiocassete, para tentarmos obter mais alguns dados e pormenores.

O resultado é contundente, extremamente claro e direto, em especial de acordo com os nossos objetivos. Note-se que a apresentação pormenorizada da entrevistadora e autora deste texto se dá a partir do primeiro encontro, pois por telefone alguns poucos dados gerais de apresentação, referência e objetivos são transmitidos ao entrevistado. Mesmo assim, antes de nos conhecermos pessoalmente, o sr. Leon se preparou, e me apresentou seu depoimento com a seguinte abertura:

> O meu depoimento como sobrevivente do Holocausto não é uma narração específica da minha passagem pelos campos de concentração. É uma análise do meu comportamento, bem como dos companheiros com os quais convivi, e as suas consequências. Pretendo também dar a minha contribuição a fim de esclarecer a pergunta que atormenta a todos os judeus que viveram nos países onde o nazismo não teve acesso: "Por que não houve uma resistência em massa organizada?", "Por que não houve uma revolta contra os alemães antes do Levante do Gueto de Varsóvia, em 1943?" Tentarei dar a minha opinião que, talvez, possa explicar a não reação do judeu, como ser humano, em aceitar a situação em que se encontrava quando Hitler, com seus colaboradores bestas e assassinos, elaborou o plano diabólico a fim de exterminar o povo judeu da face da Terra. Eles conseguiram quebrar a espinha dorsal do judeu, fazendo com que ele se rendesse. Por quê?

Vê-se a perfeita consonância dos objetivos e intenções do sr. Brener para com os nossos. O seu relato por si só já elucida várias questões aqui preconizadas. Em seis itens, o sr. Brener apresenta as razões do êxito parcial que os nazistas tiveram sobre os judeus:

> 1. Os nazistas escolheram a Polônia sabendo que 90% da população daquele país era antissemita, e que era uma terra fértil para poder aniquilar, massacrar, exterminar as 3,5 milhões de almas judias que representavam 10% da população do país;
> 2. Criaram o Judenrat (Comitê Judaico) cujos membros colaboraram e executaram as ordens alemãs, pensando que agindo desta forma conseguiriam salvar suas próprias peles;
> 3. Criaram a Ordnungsdienst (Polícia Judaica Desarmada) dando-lhes privilégios que o restante da população judaica não usufruía. Os membros constituintes da Polícia Judaica eram colaboradores *voluntários* e cúmplices pelas evacuações dos judeus das cidades;
> 4. Criaram uma atmosfera para que as pessoas acreditassem que os aniquilamentos e evacuações da população judaica das cidades foram feitas com fins de transferência para trabalhos forçados em campos de trabalho;
> 5. Isolando os judeus, ninguém sabia o que estava acontecendo na cidade próxima, nunca imaginando que quase todos foram sumariamente fuzilados. A população judaica na Polônia era espalhada por todo o país: aldeias, povoados, pequenas, médias e grandes cidades.
> 6. Fomos todos iludidos por nós mesmos, pensando que tudo isso era passageiro. Até na entrada das câmaras de gás havia inscrições dizendo se tratar de banheiros para desinfetar as pessoas.
>
> Infelizmente, Hitler conseguiu exterminar 3,5 milhões de judeus da Polônia. O plano diabólico funcionou, e a estratégia teve pleno êxito.

Em seu relato, Lejbus explicita a sua indignação quanto ao caráter do ser humano em situações-limites, e se pergunta como entender o comportamento humano, a partir de vivências como as suas:

> Fui transferido para o campo de concentração de Melk, onde trabalhei nos túneis que serviam de abrigo contra os bombardeios. Lá fui testemunha ocular ao ver um pai e um filho negando-se a partilhar um pedaço de pão entre eles mesmos. Até hoje não posso compreender e não tenho explicação para isso. Será que o instinto animalesco prevalece acima de tudo no ser humano sentindo-se como um animal ferido e faminto em seu instinto selvagem?

A interrogação do sr. Brener ainda perdura, mesmo que numa tentativa de compreender o comportamento alheio, bem como o seu próprio, dada aquela situação:

Cada um pensava em si próprio para poder sobreviver, incluindo fatos que marcaram como o ser humano pode ter dentro de si um instinto animalesco para poder agir desta maneira. Agora, este comportamento era porque ninguém sabia o que aconteceria dali a um minuto. Então, o comportamento do ser humano é inexplicável. O instinto de vida e o instinto animalesco parecem colaborar mutuamente.

Apesar de sua indignação, Lejbus não se deixou cair em desesperança. Ao contrário, a confiança que tinha na própria sobrevivência o impulsionava nas horas mais difíceis.

Meu instinto de vida, de sobreviver a esse inferno alimentava o meu organismo abalado, debilitado e faminto. A minha força interior de esperança não me abandonava nessas horas difíceis. Uma chama de otimismo que me acompanha até os dias de hoje.

O sr. Brener apreende, baseado em seu próprio sentir, a importância do fator psicológico como sustentáculo do ser. Tal apreensão é a mensagem que nos fica, pois mesmo em situação de extrema adversidade o indivíduo é passível de manter um nível de reflexão e dialogismo consigo mesmo, e com isso conseguir manter um *continuum* de sentido de sua própria vida.

Refletindo e analisando todos os fatos, cheguei à conclusão de que o espírito de lutar para viver e sobreviver em quaisquer circunstâncias, é o pilar que nos sustenta e o bastião que nos dá ânimo e força para superar os sofrimentos e as perseguições que nos afligem. O fator psicológico é a bússola que nos guia, a luz que ilumina nossa mente, e a força que dá sustento ao nosso organismo para aguentar o sofrimento que o ser humano passa em quaisquer circunstâncias.

LEON HERZOG

A história de Leon Herzog ganha aspectos singulares na medida em que sua sobrevivência deu-se em razão de ter tentado e conseguido mudar de identidade.

Sendo membro da Organização Juvenil Sionista Hashomer Hatzair, o espírito crítico socialista judaico preconizado por esta organização parece ter influenciado no comportamento sagaz de Leon. A prática da solidariedade foi despertada em Leon nessa sua convivência juvenil e também junto a seus pais, que sempre se empenharam na ajuda aos necessitados.

O meu pai e a minha mãe se ocupavam muito com os pobres. Inclusive me lembro que, nos primeiros anos da guerra, meu pai fundou uma organização chamada "Bikur Cholim" (em hebraico, Visita aos Doentes). Naquele tempo, os pobres não tinham acesso a hospitais. O único hospital que existia foi ocupado pelos alemães. E se uma pessoa ficava doente, a família ficava exausta, dia e noite cuidando do doente. Então, ele criou um grupo que se revezava: cada noite ia uma pessoa à casa do doente, passar a noite para que a família pudesse repousar.

Convivendo com moças e rapazes que não aceitavam mais o antissemitismo polonês, Leon e seus amigos da Hashomer Hatzair conversavam muito sobre a situação que estavam percebendo ao redor – e que, conforme lhes chegavam notícias, ainda que inexatas, as perspectivas para os judeus não era das melhores. Com isso, ocorreu a Leon passar-se por não judeu.

Sabia-se que iria ser criado um gueto onde nós seríamos confinados, e também sabíamos que em outras cidades isso já havia sido feito. Já se esperava que isso fosse acontecer.

Naquele tempo, eu e meus amigos e amigas estávamos vendo o que nos esperava, e estávamos muito preocupados com o que iria acontecer conosco. Eu tive a ideia de tentar conseguir um documento com nome polonês. Porque os alemães, quando entraram, separaram os documentos. Os judeus tinham uma carteira, e os poloneses tinham um outro tipo de carteira. Para conseguir essa carteira de não judeu, eu subornei um alto funcionário da prefeitura. Eu me lembro muito bem, perfeitamente agora. Como eu tinha acesso a essas pessoas? Deixe eu lhe explicar: como nós fabricávamos bicicletas, vendíamos bicicletas à prefeitura e à polícia, e eles pagavam à prestação. Era uma quantidade grande de bicicletas para a prefeitura toda. E eles sempre vinham à fábrica para consertar, e não pagavam... Então, eu era muito conhecido. E certa vez, eu conheci uma fraqueza de um alto funcionário: ele gostava de beber e jogava sinuca. Um dia, eu tomei coragem e fui falar com ele. Me lembro que fui até o restaurante onde ele estava com seus amigos jogando sinuca, e ele me perguntou: "Oi, o que você está fazendo aqui?" Naquele tempo, nós ainda não estávamos no gueto. Eu chamei ele do lado e falei: "Escuta, eu tenho um pedido para te fazer. Eu preciso que você me arranje uma carteira com nome de um polonês." Ele me perguntou: "Como?", e eu falei: "É muito simples. Eu vou te entregar uma fotografia minha um pouquinho modificada, com o nome de Jan Grabowski, e você preenche um formulário e dá entrada como se fosse para um de seus familiares, (porque naquele tempo trocaram as carteiras de todo mundo, judeus e não judeus) e deixa correr. Você não corre risco nenhum, ninguém sabe de nada. Se sair, saiu, se não sair, não saiu." Ele custou a se convencer até que eu disse: "Olha, eu pago tanto." Assim eu o convenci de fazer isso. Eu me lembro que fui ao fotógrafo, e tirei uma foto um pouco modificado, pois coloquei um pouquinho de água oxigenada no cabelo para clarear, e entreguei – inclusive vou lhe mostrar a fotografia no documento, pois eu ainda tenho essa carteira. Passou-se algum tempo, e eu consegui essa carteira em junho de 1942.

Ao contrário do que possa parecer, a decisão de se passar por não judeu não foi fácil. O sr. Jacob, pai de Leon, assustou-se ao ver a iniciativa do filho. Por sua vez, Leon teve que enfrentar o pai, sabendo que este preferia morrer como judeu.

Lembro-me de uma coisa curiosa. Quando eu cheguei em casa e mostrei essa carteira ao meu pai, ele ficou branco e disse: "Você está louco?", e eu disse: "Papai, eu não estou louco. Eu não sei o que vai acontecer conosco. As intenções dos nazistas não são boas, e eu vou ver o que posso fazer." Ele disse: "Bem, então você tem que guardar muito bem essa carteira." Eu me lembro que guardei num dos W.C. que ficavam do lado de fora da nossa casa, e foi horrível essa situação; até para lembrar é difícil[...].

A sagacidade de Leon não era egoísta. Após ter conseguido uma carteira polonesa para si, conseguiu também para outros amigos. Junto aos seus pais, procurou protegê-los escondendo-os no sótão de sua casa quando da limpeza da cidade e o confinamento no gueto de Ostrowiec.

Mas, meu pai não aguentou muito tempo lá no sótão. Ele desceu e ficou em casa, e minha mãe ficou no sótão. Os alemães vieram fazer a limpeza: entraram na nossa casa auxiliados pelos policiais judaicos – pois a polícia judaica era obrigada a acompanhá-los. O que houve em seguida me foi contado, depois, pela polícia judaica. Quando chegaram na minha casa, encontraram o meu pai, e disseram: "He Raus!", quer dizer, "Saia!", e ele disse: "Não. Se vocês querem me matar, me matem aqui. Eu não vou para o campo de concentração." Aí, retiraram ele de casa, foram para o pátio, e ele colocou o "Talit" e levou a bíblia em baixo do braço e assim ele foi, e lhe deram um tiro de misericórdia. Mataram-no na mesma hora. Isso me foi contado pelos guardas que o estavam acompanhando.

Tendo sido confinado no gueto com sua mãe e um primo, Leon, já sabendo da existência de campos de concentração, se recusou a ficar à mercê do dia em que seria levado. Procurava formas de conseguir sobreviver saindo do gueto, até que se arriscou e começou a viver como Jan Grabowski. Passar-se por não judeu era uma forma de luta. Os riscos eram tão grandes quanto a vontade de não se deixar morrer. Quando Jan Grabowski passou por um grupo de prisioneiros judeus indo para o trabalho, formados em filas de quatro em quatro pessoas, a sua sensação foi paradoxal.

[...] vimos passar os judeus que estavam sendo levados para o trabalho, formados de quatro em quatro e escoltados por soldados alemães. Imagine eu vendo isso estando ali do lado! [...]
Sofia – Qual foi a sensação naquela hora em que o sr. viu esses judeus passando?
Leon – A sensação era como se eu estivesse junto com eles.
Sofia – O sr. se sentiu mal, traindo aquelas pessoas, por estar se passando por um não judeu?
Leon – Não me senti mal porque você não tinha nem tempo de refletir. Você se concentrava só no grupo e pensava no que você teria que fazer depois. Porque nós não tínhamos chegado ao fim; aquilo era só o começo. Era como um filme que passava à minha frente. Eu tinha que ir em frente, e não podia ficar esperando e observando.

O medo de ser reconhecido e delatado assolava Leon a cada minuto. Certa vez, um policial polonês o reconheceu, pois frequentava a fábrica de bicicletas de propriedade da família.

Imagine que a minha vida estava nas mãos dele. Se ele me entregasse, eu estaria morto. Como nós tínhamos uma fábrica de bicicletas, e nós vendíamos bicicletas para a polícia, todos os policiais andavam de bicicleta e vinham ao nosso estabelecimento para fazer algum pequeno conserto, e nunca cobrávamos. Então os policiais sempre se deram bem conosco. Isso talvez tenha ajudado a não me delatar. Por mais alguns dias, meu coração bateu forte, esperando que a qualquer minuto a Gestapo viesse me buscar. Mas dessa vez eu errei; ele não me delatou.

Chegando à Alemanha, Jan Grabowski conseguiu, junto com uma moça polonesa que conheceu num campo de triagem, o trabalho de jardineiro junto à uma tradicional família de cultivadores de legumes.

> Comida não me faltava. Só que eu vivia na incerteza. Será que vou sobreviver? Será que não vão me descobrir?.

A família Koch, para a qual trabalhava, nunca desconfiou da identidade de Jan. Durante a Segunda Guerra Mundial, muitos estrangeiros vinham trabalhar na Alemanha, fosse voluntária – como no caso de Jan – ou compulsória, como no caso de Helena, a amiga inseparável de Jan e, mais tarde, de Leon. Pela sua condição, Jan não tecia comentários políticos ou militares acerca da posição da Alemanha durante a guerra, para não correr o risco de cometer qualquer deslize sobre a sua identidade. Só após muito tempo de convivência e trabalho é que Jan, sentindo-se triste e preocupado pela sua condição e pela sua história recente, se apresentou a Helena como Leon Herzog.

Após o fim da guerra, Leon, passa a trabalhar voluntariamente na UNRRA junto aos sobreviventes, reavivando uma prática social de solidariedade compartilhada com os pais, antes da guerra. Não era tarefa fácil, mas a iniciativa de fazer algo pelo outro já servia de estímulo para seguir em frente.

> E outro caso, quando trabalhava em Giesen , na "U.N.R.R.A." com dr. Pick, soube que havia alguns judeus sobreviventes em Frankfurt. Eu falei com o dr. Pick, e peguei o carro, enchi de víveres e fui para Frankfurt. A cidade estava toda arrebentada e eu fiquei andando para lá e para cá, até que encontrei alguns judeus. Eles estavam morando em algumas casas que estavam todas destruídas. Ainda não havia sido criado o campo de recrutamento de Salzheim. Eu dei a eles os víveres e eles ficaram felizes, e fiquei sabendo que havia um outro campo grande em Munique.

Mesmo tendo se passado por não judeu, a identidade judaica sempre permaneceu viva no sr. Herzog. Aliás, foi para a manutenção dessa identidade que Leon se passou por não judeu.

> De modo que sempre tive orgulho de ser judeu e nunca escondi isso. Você não deve esconder a sua descendência seja lá o que você

for: preto, branco, amarelo... Você tem que lutar pelos seus direitos nesse mundo, por quem você é, porque você nasceu assim, e não que você tenha escolhido nascer assim, preto, branco, judeu ou não judeu. Você tem os mesmos direitos do que qualquer outra pessoa. Você tem que lutar par conquistar as coisas, porque elas não caem sozinhas.

MARIA YEFREMOV

O tempo é um fator impactante ao leitor quando se depara com o relato de Maria Yefremov. Tanto é que ela mesma chega a se questionar quanto a esse fator. A razão? É simples: a sra. Yefremov, iugoslava de nascença, é uma sobrevivente do campo de concentração de Auschwitz, onde deu à luz e perdeu sua única filha, onde perdeu também sua mãe, sua sobrinha e uma de suas irmãs, tendo depois passado por outros campos, adoecido gravemente, perdendo sua única irmã neste infortúnio após a libertação, e voltando à sua cidade ainda muito doente e fraca – tudo isso no período de, aproximadamente, um ano.

A sra. Yefremov foi deportada de sua cidade em maio de 1944, retornando um ano depois. No entanto, a guerra em sua cidade já havia terminado em setembro de 1944, de modo que, ao regressar, encontrou um cotidiano já normalizado para a maioria de seus habitantes. Um curto período de quatro meses marcou uma virada radical para o resto de sua vida.

> Quando cheguei na cidade, vi as moças e os rapazes passeando como se nunca tivesse havido guerra, porque a Iugoslávia já tinha sido libertada desde agosto ou setembro de 1944, e eu cheguei lá em setembro de 1945. Não se via nada de anormal. A vida era alegre e normal. Eu chorei ao ver o que passei, e eles aqui vivendo como se nada houvesse acontecido.
> [...]
> Foi horrível chegar e não encontrar quem esperávamos encontrar, pensar o quanto sofremos, e que eu perdi a criança por nada, e a vida ali continuava como se não houvesse tido guerra [...].

A condição de judia grávida num campo de concentração é muito rara. Na maioria das vezes, as mulheres grávidas eram selecionadas para a morte logo ao chegarem nos campos. É admirável a maneira como a sra. Yefremov conseguiu suportar a sua condição, e manter a vida num campo de morte.

Sofia – Como você conseguiu levar a gravidez até o fim, sem ser descoberta nesta sua condição?

Maria – Eu sempre era a última da fila e as outras me cobriam quando chegava algum alemão, a fim de que ele não me visse. E eles só apareciam quando precisavam levar os magros e os doentes. Fora disso, só apareciam na contagem. Uma vez, quando dei à luz à criança, uma moça ficou no pavilhão onde se tomava banho porque passou mal. Passou-se uma hora até que eles descobriram que faltava uma prisioneira na hora da contagem. Eu estava dentro do bloco e eles entraram e me perguntaram o que eu fazia ali. Respondi, em iugoslavo, que não sabia alemão. Eu não queria falar com eles. Então, perguntaram para a "Blokäeltester" o que eu estava fazendo ali. Ela respondeu que eu tinha acabado de ter a criança. Eles perguntaram onde estava a criança, e ela respondeu que já a tinham levado. Depois, eles saíram do bloco e se passou não sei quanto tempo sem que eles encontrassem aquela moça que estava fechada no banheiro. Enquanto isso, todas tiveram que ficar em fila, um sofrimento, até constatarem que todas estavam ali, depois de verem a moça – com a qual nada aconteceu.

Apesar de saber que, mesmo que conseguisse esconder a sua gravidez até dar à luz, a criança não poderia ser deixada viva, a sra. Yefremov torcia duplamente a cada dia pelo fim da guerra: por si e por seu bebê, pela oportunidade de viver que poderia chegar para as duas. Porém, esta oportunidade não chegou para a menina à qual a sra. Yefremov deu à luz no campo de concentração.

Mesmo vivendo essa situação paradoxal, a sra. Yefremov ainda conseguia manter uma compreensão circunstanciada do comportamento de outras prisioneiras, como as judias responsáveis pelos blocos, entendendo que todas ali estavam sob o domínio de uma situação na qual o comportamento de uma pessoa não era passível de ser julgado dentro dos parâmetros de normalidade: aquela não era uma situação normal.

Elas eram muito rigorosas na frente dos alemães. Depois, ficavam mais boazinhas. Elas não sabiam o que fazer, pois não queriam maltratar nenhuma judia. Cada bloco tinha a sua responsável, que ficava de plantão à noite na porta de cada bloco, e elas se cuidavam um pouco melhor. Tinham um quarto só para elas. Eram elas que organizavam as filas e os alemães faziam a contagem, de dia e à noite. Eram sempre essas "Blokäeltester" que falavam com os alemães e transmitiam as ordens deles. Apesar dos privilégios, elas também eram prisioneiras. Elas foram boas para nós. Por exemplo, depois que a minha criança nasceu, eu estava muito magra, e uma delas me disse para eu procurar comer bem porque, se eu continuasse tão magra, seria levada para o crematório. Com isso, eu comi aquela comida horrível e fiquei com a aparência um pouco melhor. Quando chegou a época de ir para o trabalho, eu fui selecionada porque já não estava tão magra. Os muito magros foram levados para o crematório.

O recomeço de sua vida foi muito difícil. Sua condição física estava debilitada a ponto de um médico, ao avaliá-la, não ter mais esperança em sua sobrevivência, apesar de, num primeiro encontro, não lhe ter explicitado tal avaliação. Contudo, sua recuperação mostra o quanto a sra. Yefremov é forte.

Eu cheguei bastante doente e fui a um dos melhores médicos que tratava de pulmão em Novi-Sad. Ele me examinou e me disse: "Volte para casa, coma, beba e durma." Quando, mais tarde, voltei a ele, perguntei-lhe por que ele não havia me dado nenhum remédio. Ele me respondeu: "Porque eu pensei que a senhora não sobreviveria." Eu tinha ar na barriga, pus e água no pulmão, foi horrível.

Durante o seu relato, apreendemos com a sra. Yefremov a triste indignação de uma pessoa obrigada a presenciar requintes de crueldade humana. Nestes momentos, seu sofrimento silencioso guardava as palavras de quem se sentia acuada por estar numa situação na qual entrou de forma tão repentina.

O que quero destacar aqui é a crueldade deles em deixar todas paradas durante uma hora e meia, em fila, com frio, sem se mexer, esperando. A contagem era muito ruim, pois podiam acontecer maldades desse tipo.

Hoje, a sra. Yefremov é muito simpática com as pessoas com as quais se relaciona. É ativa, solícita, e tem grupos de amigos com os quais se distrai, buscando viver a vida alegremente.

ROZA RUDNIC

A sra. Rudnic inicia o seu relato descrevendo o bom padrão de vida de sua família de origem, na cidade de Bialystok, na Polônia. Com o início da Segunda Guerra Mundial, a sua cidade ficou sob domínio russo. Como eram comerciantes abastados, a primeira discriminação que Roza sentiu foi por parte dos russos, que os viam como capitalistas burgueses, inimigos da URSS. O cotidiano de sua vida mudou, neste período, por diferença de regime político.

>Estivemos sob domínio russo durante dois anos, até 1941. Todo o nosso estilo de vida mudou: aprendemos a falar russo. Tiraram todos os nossos bens, inclusive o comércio.
>Vivíamos numa casa bem ampla, três quartos e uma sala, onde morávamos meus pais, minha irmã solteira e minha irmã casada com o marido. Então, puseram em nossa casa mais duas pessoas, e tivemos que ceder dois quartos, um para uma russa judia e outro para uma russa não judia, e ficamos nós todos aglomerados.

Ainda sem a compreensão da dimensão política-ideológica, a menina Roza apenas percebia e vivenciava transformações no *modus vivendi* e na imagem que os outros faziam de sua família. Para uma menina, ficava a dor das bruscas diferenças processadas.

>Então, a tragédia começou para nós em 1939. Meu pai, um grande negociante, precisou trabalhar como vigia noturno, mal pago. Não podíamos sair à rua pois éramos apontados: "Olhem os ricaços!". Foi uma vida muito dura. Eu e minha irmã frequentávamos o colégio russo. Isso durou até o final de 1941. Nessa época, os alemães ocuparam toda a Polônia. Os russos foram evacuados. Ainda ficamos alguns meses em nossa casa, e aí começou o gueto.

Em 1941, os alemães passaram a dominar a cidade de Bialystok, e então começou a segunda onda de discriminação vivida por Roza. Agora, não somente pelas diferenças econômicas, mas por todas as diferenças pejorativas com que os nazistas marcavam os judeus.

>Os alemães tiraram todas as pessoas que moravam em áreas nobres, e as levaram para um local que eles acharam apropriado fazer o gueto. Eu estava com treze anos de idade, e fui para o gueto com toda família. Nós ainda tivemos sorte, pois tínhamos uma tia que morava lá, e vivemos numa casa, mais ou menos umas trinta pessoas. A solidariedade naquela época já era grande, uns ajudando aos outros, ainda mais quem tinha família. Para conseguirmos comida era muito difícil

mas, como éramos uma família muito abastecida, tínhamos alguns depósitos. Mas, não podíamos levar tudo e, no final, fazíamos trocas, pagando com roupas e ouro. Meu cunhado, quando saía para trabalhar, levava ouro para trocar por pão e batatas, mas nunca era o suficiente.

Percebemos no relato da sra. Rudnic a manutenção interna do referencial de hábitos e costumes de sua família, ainda antes da guerra. No gueto, esse referencial fez com que ela encarasse aquela situação como transitória, como um desvio de um cotidiano que havia sido interrompido, mas que voltaria a ser vivido.

Havia uma voluntária que nos ensinava para que não perdêssemos o ano. Nós não sabíamos o que iríamos passar...

Apesar das perdas materiais e do declínio de padrão de vida, a família continuou reunida, vivendo em esconderijos no gueto, até 1942, quando então os integrantes de sua família, se escondendo em pequenos *bunkers*, ficaram separados: ela com seu pai e uma tia com a filha em um; outro com sua mãe e irmãs, até que foram descobertos e Roza não mais encontrou a mãe nem as irmãs.

A dificuldade da sra. Rudnic em reviver toda a dimensão da dor evidencia-se à medida que vai relatando a história. A descrição objetiva intenta, sem sucesso, controlar a emoção. Em alguns momentos, a lembrança das perdas é forte demais para ser contida em palavras. Em Auschwitz, apesar de sua pouca idade e da aparência muito magra, Roza escapou à morte.

Eu não entrei para o banho porque, durante o trajeto nos vagões, houve uma ameaça de fuga, com tiroteio, e uma das balas me pegou. Mandaram que eu tirasse a roupa toda e rasparam a minha cabeça. Eu tinha catorze anos e era muito magrinha. Vestiram-me uma roupa preta e me mandaram para a triagem. Havia 150 jovens da minha cidade. Eu passei pela seleção e fiquei no grupo das mulheres.

Após duas semanas em Auschwitz, Roza reencontrou sua irmã Guenia, uma exceção à regra do desencontro promovido pelos nazistas com o desmembramento familiar.

Depois de duas semanas, chegou outro grupo para seleção, e lá estava a minha irmã Guenia, quatro anos mais velha que eu, e a colocaram em outro bloco. Sendo ela muito esperta, fez muitos conhecimentos lá, inclusive com um enfermeiro. Aí, correndo todos os riscos, ela saía de madrugada comigo para fazer os curativos em meus ferimentos. Esse enfermeiro falou que, se nós não escapássemos de Auschwitz, eu não iria sobreviver e informou que, quinzenalmente, lá chegavam pessoas de campos particulares para contratar de 50 a 150 prisioneiros para outros trabalhos. Esse enfermeiro, ucraniano, não judeu, tendo simpatizado com minha irmã, disse que teríamos de fazer tudo para sermos escolhidas, pois em Auschwitz a fome, a falta de higiene, e até a suspensão da menstruação não me dariam nenhuma chance de sobrevivência.

A sagacidade e os cuidados da irmã Guenia foram cruciais para a sobrevivência de Roza. Sendo mais jovem, Roza se sentiu amparada pela irmã, que, por várias vezes, impediu que as separassem, empenhando a sua própria vida para salvá-la. E assim, Roza em outras vezes escapou à morte.

Foram selecionando, e minha irmã foi uma delas. Aí, aconteceu um milagre: ela me puxou e fomos emboladas com o resto do grupo. Por uma sorte do destino, uma das moças não tinha esse número no pescoço, e eu fiquei no lugar dela.
[...]
Nesse intervalo, veio a epidemia de tifo e, por azar, apanhei o tifo também. Fui internada e, na ocasião, minha irmã soube que aquele campo seria evacuado, e ficou muito nervosa. Como havia um médico da nossa cidade tomando conta de nós, ela implorou para que ele me desse alta, para que não fôssemos separadas durante a evacuação. Ela conseguiu.

Com ferimentos à bala, febre tifóide, 25 chicotadas e de joelhos sobre a neve por uma tarde inteira, Roza sobreviveu. Como?!

No dia seguinte, seria a contagem e, como eu estava muito fraca e febril, na hora da contagem faltou uma ovelhinha negra. Foram me procurar e eu estava dormindo. Levaram-me para fora e me deram 25 chicotadas nas nádegas, ainda machucadas dos ferimentos à bala. Aí, mandaram todas se ajoelharem na neve, e ficamos assim a tarde toda, por minha causa. Quem aplicou o castigo foi um "Kapo" judeu, mas ele era obrigado a fazer aquilo. Ninguém ficou zangado comigo, pois eu não tive culpa.

Mas as atrocidades não pararam aí. Além do castigo em função de sua doença, outros vieram pelas suas tentativas de sobrevivência.

Algum tempo depois, nos levaram para outro campo, na Eslováquia, perto de Praga, onde trabalhávamos com franceses, e onde apanhei bastante também. Isso porque o nosso trabalho era carregar sacos de batatas, e eu enfiei umas batatas na bainha da saia, para matar a fome. Fui denunciada e apanhei muito. Fui um saco de pancadas.

A voz da sra. Rudnic é a voz de tantos judeus que pereceram no Holocausto passando por apenas uma das situações-limite como as que Roza passou. Em cada passagem para a sua sobrevivência ouvimos também a voz de alguém que não pôde mais falar...

SIMONE GOLDRING SOARES

Através da entrevista de Simone, de origem romena, tem-se uma amostra da situação dos judeus naquela região – bem diferente da situação dos judeus na Alemanha e na Polônia, onde mesmo aqueles com posses não foram poupados. Seu relato traz o ponto de vista de uma criança. A descrição que nos faz retrata o olhar de uma menina bem próximo de uma apreciação cotidiana como a de nossos dias, pelo fato de sua família ter conseguido manter o seu cotidiano de casa e estudos, apesar da prisão e posterior morte de seu pai. O quadro social vivido pela entrevistada mostra uma Romênia também antissemita, que discriminou ainda mais os judeus a partir de 1937, dificultando a sua sobrevivência com a diminuição de oportunidades de emprego.

Naquela tarde, quando vi meu pai, ele me olhou e disse: "A d. Melanie não está em casa, ela está na casa da irmã. A senhora veio fazer as unhas dela, mas ela não está em casa." Era para eu entender que minha mãe não estava em casa. Foi a última vez que vi meu pai em pé. Ele saiu da prisão, deitou na cama e morreu.

No momento em que Simone chega e vê seu pai cercado de romenos em sua casa, sendo preso, ele ainda tem rapidamente a sagacidade de tratá-la como uma manicura, a fim de proteger a filha de uma possível prisão ou ameaça. A desculpa utilizada nos dá uma dimensão social da condição dos judeus na Romênia que ainda podiam levar um dia a dia em que cabia até a ida de uma manicura em casa.

O relato da menina Simone se traduz numa sensibilidade e em valores infantis onde se destaca a preocupação com o bem-estar de seus familiares. O afastamento do pai durante a prisão dele foi muito sentido por ela. Simone ficou marcada pela discriminação, mas como o alijamento social em seu país não foi tão intenso quanto aqueles descritos pelos sobreviventes de outros países, percebemos que Simone conseguiu manter uma mesma *Weltanschauung* antes e depois da guerra. Ela conseguiu pensar e refletir sobre injustiças sociais durante a guerra sem ter sido alijada socialmente, ainda que tivesse sido discriminada como judia. Ela e sua família não foram impedidas de viver nem de sobreviver. Contudo, a sensibilidade de Simone traduz uma dor muito difícil de suportar.

Com isso, o relato da Simone mulher apresenta uma pessoa altamente politizada, com análises de cunho humanitário e uma preocupação de lutar, em sua prática pessoal e profissional, para que uma situação análoga não se repita nem com judeus, nem com nenhum ser humano. Simone tem uma preocupação universalista e não segmentária, mesmo com sua condição de judia – e diríamos até que devido à mesma:

> Aquilo que do ponto de vista mundano foi a tragédia dos judeus – a perda de seu país e do seu Estado – do ponto de vista humanista foi seu maior benefício: estando entre os sofredores e os desprezados, puderam desenvolver e manter uma tradição do humanismo.[6]

Tendo passado pela guerra, Simone apreendeu que a discriminação é a maior praga da humanidade. De acordo com sua postura humanista universal, ao vir para o Brasil, um país tropical, da América do Sul, sem conhecer ninguém, buscou e conseguiu uma adaptação completa, pessoal e profissional: casou-se com Geraldo – brasileiro, descendente de índios – e serviu ao estado como professora de francês. Dentre outras atribuições, destacamos aqui a de encadernadora artística, profissão que exerce até hoje, realizando um trabalho que transpira sua sensibilidade e que é um canal de expressão de sua maneira

---

6   E. Fromm, *O Espírito de Liberdade*, p. 18.

de buscar o essencial em cada ser humano, em cada autor e em cada livro encadernado que se apresenta por si através do trabalho artesanal de Simone. É esta uma das características mais marcantes na sua personalidade: a capacidade de captar e a necessidade de transmitir o que há de essencial nas relações humanas, buscando um aprimoramento delas.

A solidariedade é essencial para viver em nossos dias; a agressividade é muito forte. Assistimos ao renascimento do nazismo. Tenho cinco netos e não quero que eles passem por isso. Devemos ajudar aos jovens a enxergar a verdade. Por isso, escolhi ficar lecionando para o segundo grau, porque os adolescentes são muito sensíveis e necessitam de alguém que lhes passe esta mensagem.

Uma Resposta Circunstanciada

Através da aproximação com o outro, o sobrevivente, me propus a responder a questão instigadora deste estudo, posto que estigmatizamos o que não conhecemos, e generalizamos o que nos é distante.

> O preconceito vem das coisas não conhecidas, coisas que ocorrem quando a pessoa está à distância, quando a pessoa ouve falar, quando a pessoa faz um retrato falso do outro. (Kurt Homburger)

Para responder tal questão, fui àqueles que acreditei possuir dados que pudessem nos dar a verdadeira dimensão do que foi o Holocausto ontológico preconizado e imposto aos judeus pelos nazistas: os sobreviventes. Através dos dados colhidos junto a eles, descortina-se o cotidiano de milhares de seres humanos que viveram um período histórico ainda não tão distante de nós. Seus detalhes e narrativas da passagem de *modus vivendi* antes, durante e depois da Segunda Guerra Mundial nos possibilitam, ao acompanharmos suas vidas de perto, um vislumbre de como foram alijados da sociedade: seus medos, anseios, expectativas, necessidades – fatores inerentes a todo e qualquer ser humano – face às condições sociopolíticas que lhes foram impostas. Espero que as histórias de vida nos forneçam não uma descrição factual, mas que através delas possamos reformular pressupostos acerca do período em questão[1].

Através do contato com os judeus sobreviventes, investigamos algumas condições que evidenciam a manipulação de que foram vítimas, e que os atingiu também nos três mundos: individualmente, pela negação da identidade; socialmente, pelo desamparo e desagregação familiar e pela discriminação generalizada; e objetivamente pela impossibilidade de se relacionar sequer com a natureza, posto que lhes foi negado o contato com o mundo ao redor, sem ter a quem recorrer, em termos de legitimidade social, para poder se defenderem.

Condenação moral posterior e piedade humana não bastam. Trata-se aqui de tomar conhecimento dos fatos históricos, compreender as causas sociais que os possibilitaram e adquirir consciência da própria responsabilidade sobre o que acontece ao nosso redor. Não escapamos do nosso passado eliminando-o de nosso pensamento. Apenas nos entendendo com ele e compreendendo as lições daqueles anos, podemos nos livrar da herança da barbárie de Hitler.[2]

Em concordância com Schoenberner, atestamos o quão difícil é para nós, distantes no tempo e no espaço, imaginar o que foi a tragédia vivida pelos judeus vitimados pelos nazistas durante os anos de 1933 a 1945. Consoante os objetivos deste livro, procuramos estimular uma aproximação junto aos sobreviventes através da análise existencial das situações por eles vividas, buscando nos colocar em seu lugar, ainda que cientes das limitações inerentes a tal hermenêutica. Por sua vez, essa aproximação visa o sentir-com-o-outro, passível de estimular uma tomada de consciência e incitar um engajamento numa práxis condizente com uma postura ética construída a partir da reflexão e da compreensão das relações humanas.

O alijamento social dos judeus se deu em todos os níveis de referência da existência humana. Vejamos então as condições sob as quais viviam, e se realmente não houve reação; se realmente formavam um grande rebanho que, inexplicavelmente,

1 Cf. G.G. Debert, Problemas Relativos à Utilização da História de Vida e História Oral, em Eunice R. Durham et al. (orgs.), *A Aventura Antropológica*.
2 G. Schoenberner, *A Estrela Amarela*, p. 13.

não reagia, apesar de, em muitas circunstâncias, terem estado em maior número do que seus algozes.

Um fator básico que objetivamos aqui evidenciar é a brusca degradação nas condições de vida imposta aos judeus pelos nazistas. A nosso ver, essa mudança forçou também um outro repensar de si – nem sempre conseguido –, uma vez que se viram repentinamente desprovidos do seu referencial de identidade. Acreditamos ser esse o fator norteador no entendimento das reações dos judeus às situações que lhes foram impostas.

Uma pessoa, quando está em sua casa, com tudo organizado, tem os costumes, a comida, a cama, a forma de dormir até; e quando viaja por um dia, mal consegue dormir na cama dos outros, porque acha que é dura ou mole demais. Ao entrar num campo de concentração, temos de nos acostumar a uma vida de um *dégrader* de 90%. Eu digo 90%, mas pode ser de até 99% , mas eu não quero exagerar, porque alguma coisa nós tínhamos, tanto que vivemos por quatro anos nestes costumes. (Abraham Warth)

Passemos agora à apreensão dessas condições às quais devemos estar atentos para que não ocorram em outras sociedades, pois o genocídio foi a culminância de um conjunto de fatores planejados e organizados para que tal finalidade fosse atingida. Isso, nós, hoje, depois do ocorrido, entendemos claramente. Mas, para aqueles que viviam a situação, não era tão claro tal objetivo, até por ser, em termos humanistas – parâmetro último utilizado pela razão e emoção humanas – até então, inconcebível e inimaginável, conforme nos relataram os nossos entrevistados.

ANTISSEMITISMO E NAZISMO

Através dos relatos dos sobreviventes, podemos constatar que os judeus, que viviam numa atmosfera de antissemitismo em seus países de origem, com ele conviviam por considerarem-no associado à história passada de seu povo na região, marcada por perseguições religiosas, expulsões migratórias, boicotes econômicos, *pogroms* (massacres). Contudo, até a instauração do nazismo, sempre houve alguma alternativa, mesmo que fosse a migração numa tentativa de encontrar um lugar onde pudessem sobreviver. Como vimos também nos relatos dos nossos entrevistados, eventualmente, famílias de cidades pequenas optaram por se mudar para alguma cidade grande próxima, onde o antissemitismo seria menor – fato este ocorrido, em especial, na Polônia. Assim, esse período, mesmo posteriormente repensado, não poderia dar a dimensão que o nazismo tomou para com os judeus:

> Pela primeira vez na História da Humanidade, todo um Estado moderno foi posto a serviço da eliminação de todo um grupo humano.[3]

Já em 1919, Hitler propagava suas ideias[4]. Em suas correspondências, diferencia entre o "antissemitismo emocional" e o "antissemitismo racial". O primeiro ele identifica nos *pogroms*. O segundo é por ele preconizado com fins de alijamento sistemático dos judeus.

> O antissemitismo de fontes puramente emocionais encontra sua expressão final na forma de "pogroms".
> O antissemitismo racial, ao contrário, deve levar a uma luta sistemática e legal para a anulação dos privilégios que o judeu possui diferentemente de outros estrangeiros que habitam entre nós (leis antiestrangeiras).
> Seu objetivo final, não obstante, deve ser o completo alijamento de todos os judeus. Ambos os objetivos só podem ser alcançados por um governo de força nacional.[5]

Hitler preconiza uma diferença no tratamento do antissemitismo que os judeus não alcançavam pela associação que faziam com os *pogroms*, boicotes e restrições educacionais que já ocorriam com maior ou menor frequência em seus países de origem.

Os judeus das cidades pequenas eram comerciantes ou exerciam profissões normais. O antissemitismo na Polônia sempre foi visível. Havia restrições no sentido de que os poloneses não comprassem nas lojas dos judeus, havia piquetes[...] E o ministro até aceitava bem os

---

3   M. Margulies, *Gueto de Varsóvia*, p. 26.
4   Cf. D. Bankier, *El Tercer Reich y La Cuestion Judia*.
5   Ibidem, p. 3. (Tradução nossa.)

piquetes, apenas recomendando que não batessem nem matassem. Assim era antes da guerra, entre 1937 e 1938. (Lejbus Brener)

Sabia que os judeus haviam sido violentados na Alemanha e que houve esses *pogroms*. Na Polônia, vivia-se mais ou menos distante desses acontecimentos, embora o país fosse também bastante antissemita. O governo polonês instigava a população contra os judeus, mas não na mesma medida como foi feito na Alemanha. Na Polônia, para os judeus, havia boicote econômico; nas universidades havia números clausos; não podiam exercer certos cargos públicos, enfim, os judeus eram discriminados. (Aleksander Henryk Laks)

O apelido dos judeus na Romênia era "jidan", equivalente a "gringo" que se diz no Brasil. Isso desde antes da guerra, porque a Romênia é um país onde sempre houve antissemitismo, como em toda aquela região. [...]
Quando meus tios, que trabalhavam em altos cargos do serviço público, foram proibidos de trabalhar, meu pai se tornou o arrimo da família. (Simone Goldring Soares)

E assim, a gente foi lutando, com o antissemitismo polonês, que não era fácil: boicote contra os estabelecimentos judaicos, a gente não podia andar na rua, éramos apedrejados [...] (Chaim Najman)

Em parte, nós fomos obrigados a sair da cidade de Opole para a cidade grande por causa do antissemitismo polonês que fez muito mal aos judeus nas cidades pequenas. Por exemplo, escolas. As vagas eram limitadas e como o lugar era pequeno, havia uma só escola. Então, a ida à escola era limitada para os judeus. A minha irmã mais velha, que faleceu na guerra, teve sorte e frequentava a escola. Eu já não tive essa sorte; para mim já não havia vaga na escola. Para os poloneses havia vagas; mas, para mim, como judeu, não tive lugar na escola. (C. Najman)

Sofia – E havia muito antissemitismo na sua cidade (Bialystok)?
Roza – Sim. Antes de começar a guerra, em 1937, 1938, quando saíamos à rua, víamos escrito "Fora judeus! O seu lugar é na Palestina e não aqui!". Nós éramos poucos e, como não queríamos nos separar, aconteceu a tragédia.
Sofia – Os poloneses também matavam judeus?
Roza – Sim. Eles pegaram três rapazes lindos e os puseram na forca, em praça pública, e chamaram todos para ver. O ataque foi feito num "Schabat" (dia santificado judaico), pegando a todos de surpresa, fazendo a desgraça. (Roza Rudnic)

Como vemos, com a ascensão de Hitler, em 1933, há o recrudescimento do antissemitismo europeu com as informações vindas da Alemanha sobre o tratamento dispensado aos judeus.

O antissemitismo antes da Segunda Guerra cresceu muito. Nas ruas da Polônia havia cartazes com caricaturas de judeus como sanguessugas, era horrível. E não só cartazes, mas fizeram até quiosques onde distribuíram propaganda, e começaram a pintar em cada loja judaica uma estrela de David, dizendo para não entrarem lá, pois era loja de judeus. Os alemães encontraram na Polônia um terreno muito fértil devido ao antissemitismo enraizado. Então, não precisaram trabalhar muito. Os poloneses queriam se livrar dos judeus. Nunca gostaram dos judeus. (Leon Herzog)

Por estarem estabelecidos naquela região há muitos séculos[6], apesar da atmosfera antissemita, os judeus da Polônia se permitiam viver com seus costumes, comemorações religiosas típicas, e até com suas vestimentas típicas, no caso dos judeus ortodoxos, que serviram de parâmetro para a associação caricata dos judeus incrementada pelos nazistas.

Agora vejam comigo o meu dia a dia. Para ir até o "Chaider" (Centro de Estudos), eu precisava percorrer, aproximadamente, quinze a dezoito quadras. Ao passar na rua, pelo meu modo de me vestir, raramente eu não ouvia dos transeuntes alguma expressão do tipo "Saia daqui, judeu!", porque nas ruas muito movimentadas, às vezes, nós éramos atropelados por outras pessoas. Normalmente, eu chamava atenção por ser judeu, devido às minhas vestimentas, sempre com boné na cabeça, roupas sempre escuras. Chamava a atenção dos não judeus, que se vestiam diferente. (Abraham Warth)

Os nossos entrevistados de nacionalidade polonesa afirmam que o nazismo encontrou um terreno fértil na Polônia para o extermínio sistemático dos judeus. Ali, o antissemitismo era tão marcante que ocorreram *pogroms* mesmo após o término da Segunda Guerra Mundial.

Os judeus eram apanhados nas ruas. Era fácil reconhecê-los porque os judeus ortodoxos usavam barbas e vestiam chapéus e capotas pretas. Os poloneses cristãos se aliaram aos alemães desde o primeiro dia para ajudar no reconhecimento dos judeus. Os alemães nem sempre reconheciam quem era judeu. Mesmo hoje, se você vai a algum lugar, você não

6 Cf. M. Margulies, op. cit.

reconhece quem é ou não judeu. Mas a pessoa que vive naquele lugar sabe quem é quem. Os poloneses se aliaram e começaram a andar junto com os alemães para alcaguetar os judeus. (Aleksander H. Laks)

O nazismo queria liquidar os judeus. O polonês queria bater nos judeus, ficavam de olho grande sobre os judeus. Era um antissemitismo religioso. Eles diziam que nós, judeus, matamos Cristo. Já os nazistas falavam que nós éramos capitalistas, que nós explorávamos todo mundo[…] Os poloneses nos davam nomes especiais, nos chamavam de "Macur", "Beilis". O que se passou no antissemitismo polonês foi uma pouca vergonha! Mesmo depois da guerra eles fizeram *pogrom* numa cidade chamada Kelce, onde mataram muitos judeus. Depois da guerra! Quando os judeus voltaram para essa cidade, foram mortos! (Chaim Najman)

[…] eu encontrei um sobrevivente da nossa cidade em Katovice que me contou que havia ido a Dzialoszyce e os chamados vizinhos ficaram estarrecidos, perguntando: "Você sobreviveu? Os alemães não te mataram?". Esta era a Polônia depois da guerra. Eu acho que os poloneses ajudaram os alemães em tudo o que lhes foi possível a fim de exterminar os judeus. (Lejbus Brener)

Em contrapartida, segundo nossos entrevistados, os judeus na Alemanha não viviam a atmosfera de antissemitismo como havia na Polônia. É com a subida de Hitler ao poder que começam gradativamente os boicotes aos judeus na Alemanha.

Meu pai estava sempre presente à sinagoga e no ano em que eu nasci, 1930, a vida para os judeus na Alemanha era uma vida comum, como para qualquer outro cidadão. Não havia manifestações públicas ou particulares muito fortes contra os judeus. Isso surgiu com a subida de Hitler ao poder em 1933, quando então sim, Hitler já havia feito em seu livro *Mein Kampf*, "Minha Luta", toda uma abordagem contrária aos judeus, toda uma acusação, todo um ódio já declarado. (Kurt Homburger)

Outras proibições sérias que rechaçavam os judeus, não só de frequentar lugares públicos, eram as proibições de frequentar escolas e de exercer diversas profissões, bem como ocupar cargos públicos, conforme eu tomei conhecimento posteriormente. (Kurt Homburger)

Sofia – E quando Hitler assumiu efetivamente o poder? Houve pânico, preocupação na sua família ou na sua cidade?
Chaim – Naturalmente, todo o povo judeu ficou preocupado. Começaram a incendiar sinagogas da Alemanha, começaram a fazer

coisas como a *Kristallnacht*, entre outras. Começaram a escrever nas janelas para nada comprar de judeus [...] É claro que ficamos muito preocupados. (Chaim Najman)

Com a invasão de Hitler, o antissemitismo polonês intensifica-se ainda mais, agora justificado pelas leis arianas.

Os judeus eram apanhados nas ruas para trabalhos forçados. Eram levados para os quartéis para fazer faxina, sem que lhes fosse dado nenhum material de limpeza. Tinham de fazer tudo com as mãos. Eram obrigados a limpar as ruas, os bueiros, com as próprias mãos, da mesma maneira que os nazistas já haviam feito com os judeus na Alemanha. Depois do trabalho, eram obrigados a cavar valas no meio da rua, tirar a roupa, ficar só de cueca e dançar sobre a roupa enterrada, cantando canções litúrgicas.

Os judeus ortodoxos tinham suas barbas arrancadas. Às vezes puxadas até com a pele – isso aconteceu com meu avô. Ele chegou em casa com a barba toda arrancada junto com pedaços de pele da face. Teve de ficar muito tempo de cama a fim de se curar – e nunca se curou, tendo sido depois deportado e exterminado em Chelmno. (Aleksander H. Laks)

A primeira ordem, logo com três ou quatro dias de ocupação, era a de que todos os judeus eram obrigados a colocar no braço direito uma faixa branca com a estrela de David desenhada, a fim de diferenciar os judeus dos não judeus onde quer que estivessem. Não era permitido se distanciar mais de dois metros de casa sem usar a faixa. Aqueles que eram pegos sem ela eram, na melhor das hipóteses, levados para a Gestapo, e não preciso contar o que faziam com eles, já que raramente algum voltava de lá. Naturalmente, bastava que qualquer um andasse na rua para ser requisitado para trabalho ou vexame de apanhar ou de ser humilhado de qualquer modo. (Abraham Warth)

Aconteceu em Varsóvia, quando os judeus queriam fugir do gueto, eles saíam pelo subterrâneo para sair pelo tubo de canalização. Os poloneses já ficavam esperando do lado de fora, na saída, para pegar os judeus, e vendê-los por um quilo de açúcar. Venderam um judeu por um quilo de açúcar, em Varsóvia! Isso está na História! Nunca será esquecido! O atual Presidente da Polônia foi a Israel pedir desculpas pelo que os poloneses fizeram[...]. (Chaim Najman)

Em Novi-Sad, na Iugoslávia, a situação dos judeus era mais branda. A cidade havia sido ocupada pelos húngaros, e só em 1944, por pressão dos alemães, é que começaram as deportações.

Uma vez, durante a guerra, houve um incidente: em Novi-Sad, os húngaros fizeram uma "razia" (massacre) na qual levaram um grupo de judeus até o Rio Danúbio e lá os mataram. Depois disso, eles pararam e nós não sofremos mais discriminações por parte dos húngaros no nosso cotidiano. Apenas tínhamos de usar a estrela de David. (Maria Yefremov)

Com isso, vemos que, apesar de os judeus serem discriminados em seus países de origem, o que retrata a intolerância do homem para com o diferente, conviviam com esta situação. A manutenção de sua cultura sem provocação para com outros povos ilustra a mensagem do judeu ao mostrar ao mundo que a diferença não impede a convivência pacífica entre os povos.

Não tínhamos outras conveniências fora disso, praticamente nada, a não ser o desprezo dos outros habitantes da Polônia, não judeus, que achavam que nós éramos um povo diferente deles, e éramos mesmo. (Abraham Warth)

A INCREDULIDADE NO DISCURSO NAZISTA

Quando Hitler ascende ao poder na Alemanha, em 1933, os discursos e as medidas legais contra os judeus vão num crescente. Por mais que essas ideias chegassem aos judeus de outros países, através de rádio e jornais, eles não acreditavam que tudo aquilo pudesse vir a se concretizar, e, em especial, por parte do povo alemão, tido por eles como desenvolvido intelectualmente, com uma tradição humanista de pensamento, e junto ao qual os judeus alemães lutaram durante a Primeira Guerra Mundial.

Na Alemanha havia uma integração bastante forte dos judeus em relação à comunidade maior. Essa integração chegou ao ponto de, na guerra de 1914, por exemplo, o meu pai ter sido convocado para lutar pela Alemanha, o irmão da minha mãe ter sido convocado, enfim, muitos e muitos judeus lutaram pela Alemanha na guerra de 1914 até 1918. E muitos faleceram, como foi o caso do irmão da minha mãe. O meu pai era um oficial alemão que, portanto, estava mais do que integrado dentro da comunidade alemã, apesar de se manter fortemente vinculado à religião e à identidade judaica. (Kurt Homburger)

Porque todo mundo, inclusive os meus pais, diziam que o povo alemão durante a Primeira Guerra nos ajudou muito. Os judeus estavam com raiva dos ucranianos, mas não dos alemães. Ainda na Primeira Guerra, a ideia era a de que os alemães, os austríacos tinham tratado bem os judeus. E foi por isso que eles fizeram tudo o que fizeram, pois eles sabiam que ninguém acreditaria que eles iriam criar crematórios, câmaras de gás [...] (Chaim Najman)

Essa imagem positiva acerca do povo alemão funcionava como uma defesa para os judeus não aceitarem os planos de Hitler como passíveis de serem realizados.

Meu pai era germanófilo, falava muito bem a língua alemã e a visão que ele tinha do povo alemão era a de um povo culto, como era a opinião da maioria. Não sabíamos (ou não acreditávamos) desse vírus que se apossou dos alemães. Falava-se mais em Goethe, em Schoppenhauer, em pessoas cultas. Quando se falava que havia campos de concentração, os jornais alemães respondiam dizendo que isso era propaganda antialemã. E nós acreditávamos que isso fosse verdade. Argumentava-se que durante a Primeira Guerra Mundial também se dizia que os alemães cometiam excessos. Pensávamos que seria impossível acontecer algo parecido. E se estivesse acontecendo, pararia. (Aleksander H. Laks)

Nós ouvíamos, no rádio, notícias da Alemanha, mas não sabíamos nada sobre atrocidades. Não se falava sobre essas coisas claramente. (Simone G. Soares)

Segundo Laqueur, a tendência a não dar crédito às notícias sobre assassinatos em massa advém também de uma influência histórica, de um tempo não muito distante[7]. Durante a Primeira Guerra Mundial, a propaganda acerca de atrocidades, nem sempre cometidas, da maneira em que foram veiculadas, fez com que, durante a Segunda Guerra Mundial, as pessoas, num primeiro momento, interpretassem as notícias acerca dos aviltamentos nazistas como um jogo de propaganda bélica e, em última análise, recorriam ao senso comum quando pensavam nas notícias que lhes chegavam: um homem não seria capaz de fazer isso com outro homem.

Nós não tomávamos muito a sério esses acontecimentos – e é isso que nós não podemos repetir, porque onde há fumaça, há fogo. Temos

---

7 Cf. W.Z. Laqueur, *O Terrível Segredo*.

que ver sempre as coisas como elas realmente estão, e não deixar de dar atenção por pensarmos que não pode acontecer. De fato não passa na cabeça de um ser pensante que alguém pode pegar uma pessoa e enforcar num poste ou executar, ou mesmo passar na rua e atirar numa pessoa a troco de nada. (Aleksander H. Laks)

    Sofia – Como e o que vocês ouviram falar sobre Adolf Hitler?
    Roza – Desde 1937 ouvíamos falar dele, e sabíamos que ele era muito poderoso, mas não podíamos imaginar o monstro que ele era.
    Sofia – Como chegavam a vocês os discursos dele?
    Roza – Ouvíamos pelo rádio, mas não acreditávamos. (Roza Rudnic)

Por mais que Hitler e seus partidários, ao longo de sua campanha e ao assumir o poder, anunciassem o plano de extirpar os judeus da sociedade, culpando-os por todos os males do mundo, tal pensamento parecia tão inconcebível que as pessoas não conseguiam imaginar como isso poderia ser colocado em prática.

E em seus discursos, Hitler foi claro que os judeus eram os culpados por tudo aquilo que havia de ruim na Alemanha. O judeu era o bode expiatório na Alemanha e, segundo a teoria nazista, era preciso combatê-lo de todas as formas e, por que não dizer, exterminá-lo, só que de uma forma que ninguém podia imaginar, e que alcançaria a maior perversidade e barbaridade humana com o Holocausto. (Kurt Homburger)

Com o início da Segunda Guerra Mundial, a política alemã ostensiva ratificava que a Alemanha dos intelectuais de outrora cedera lugar a uma Alemanha implacável e impressionantemente militarizada.

Pura e simplesmente, em todos os lugares, inclusive na Polônia, começou uma campanha contra os judeus que culminou com a ocupação da Áustria pela Alemanha, onde explodiu a marcha de conquista de toda a Europa pelos dirigentes fascistas. A onda de antissemitismo começou a se alastrar com tanta popularidade, com tanta agressividade, com tantas atrocidades, com tantas barbaridades, especialmente de propaganda antissemita, que se sentia no ar que qualquer judeu começava a viver historicamente a sua própria sobrevivência. Era impossível acreditar que, sob esse regime, sob essa conjuntura de campanha contra os judeus, a curto ou médio prazo houvesse a possibilidade de algum judeu sobreviver, pois já naquele tempo havia dificuldades econômicas e financeiras, ainda mais com o regime em questão. Mas, pior ainda que isso, foi quando começaram a mandar para a Polônia todo e qualquer estrangeiro judeu que vivesse na Áustria e na Alemanha. Eles foram colocados na fronteira com a Polônia sem nenhum bem, sem nenhum direito de levar para a Polônia aquilo que foi oriundo de seu trabalho de tantos anos no exterior, especialmente na Áustria e na Alemanha. (Abraham Warth)

O programa de dominação expansionista alemão já estava em curso, assim como a deportação de judeus da Alemanha e da Áustria. Contudo, parece que o ser humano sempre tende a acreditar que nunca será ele a vítima das situações adversas.

Ouvimos quando ele subiu ao poder. Depois, os judeus alemães começaram a ir para a Iugoslávia para pedir ajuda, uma vez que nós sabíamos o que acontecia na Alemanha: sabíamos que estavam em guerra, que os alemães não queriam mais a presença de judeus por lá, e que todos os judeus fugiam, pois suas vidas estavam em perigo. Só que nós não achávamos que Hitler chegaria até nós. (Maria Yefremov)

Se pensarmos que o homem é capaz de cometer e não está imune a aviltamentos, podemos pensar uma sociedade mais justa a partir de uma compreensão mais condizente com a condição humana. Talvez este seja um ensinamento que possamos depreender do Holocausto.

A POSSIBILIDADE DE DEIXAR O PAÍS

Na revisão de literatura[8], constatamos que alguns judeus escaparam ao Holocausto saindo de seus países de origem à medida que vislumbravam um cotidiano difícil e progressivamente restritivo aos judeus, não significando que se tenham dado conta do ponto a que chegaria a sua condição de ser. No caso de intelectuais judeus alemães, vemos que as saídas deram-se em função da postura antinazista aliada à possibilidade de exílio político.

Recuso-me a permanecer em um país onde a liberdade política, a tolerância e a igualdade não são garantidas pela lei. Por liberdade

---

8 E. Fromm, *O Medo à Liberdade*; A. Einstein, *Como Vejo o Mundo*; T.L.W. Adorno; M. Horkheimer, *Dialética do Esclarecimento*.

política entendo a liberdade de expressar publicamente ou por escrito minha opinião política; e por tolerância, o respeito a toda convicção individual.[9]

Ainda assim, alguns poucos judeus saíram da Alemanha por anteverem a catástrofe.

Eu sei, por exemplo, que um amigo do meu pai, assim que Hitler subiu ao poder, saiu da Alemanha, foi para a África do Sul, por temer justamente coisas que não estavam visíveis mas que, para muitos, era um sinal de alerta, de perigo, e tiveram uma visão objetiva e aguda de todo um futuro negro. (Kurt Homburger)

No caso dos judeus da Polônia, alguns saíram de seu país em busca de melhores condições socioeconômicas ainda nas décadas de 1920 e 1930 e, em especial, devido ao antissemitismo do exército polonês, tendo sido esta a principal razão da saída de Bernardo Herzog, irmão mais velho de Leon Herzog, um de nossos entrevistados.

Então, a situação era muito ruim para um jovem como eu, como os outros jovens que não abaixavam a cabeça e queriam sair, e não havia para onde ir! Parte da minha família já morava no Brasil desde 1921. Em 1921, após a Primeira Guerra Mundial, o meu irmão saiu de casa e foi parar no Brasil, no Rio de Janeiro, o Bernardo Herzog. A firma "B. Herzog" de produtos químicos existe até hoje, mesmo depois de 70 anos. Dois anos depois, veio um outro irmão, José. Três meses antes da guerra, duas irmãs conseguiram vir para cá (Regina e Célia) e aí parou por causa da guerra. (Leon Herzog)

No entanto, não é fácil abandonar o seu país de origem e recomeçar a vida em outro lugar, muitas vezes distante, com diferenças de idioma, clima, costumes. A emigração de famílias inteiras é ainda mais difícil, e a separação familiar pode se apresentar como um problema ainda maior do que aqueles socioeconômicos já conhecidos.

Nos últimos anos antes da guerra, um judeu religioso, com "peiot", não podia sair de casa à noite, não podia sair nas ruas muito movimentadas porque seguravam os seus "peiot" e os puxavam. Era a forma de

9   A. Einstein, op. cit.

convivência e o judeu não tinha para onde ir. Cada um que nasce acha que aquele lugar onde nasceu lhe é muito valioso, pois foi lá que ele se criou e foi sustentado, e ele se sente parte daquele lugar. Naturalmente, cada judeu achava difícil, quase impossível, pegar um pai, como o meu, e dizer: "pega os nove filhos e vá procurar outro lugar"; ora, só se fosse depois de assaltar o Banco Polonês, de outra maneira não se podia pensar nisso. (Abraham Warth)

Além dessas considerações, não podemos perder de vista as aspirações que cada indivíduo traz dentro de si, muitas vezes marcadas pelas influências culturais de seu país de origem. Deixar a sua pátria implicava uma reestruturação interna de quem ainda teria de buscar externamente possibilidades de viabilização de tal jornada.

Pelos hábitos culturais há séculos preservados e cultivados na região do leste europeu, muitos judeus não cogitaram abandonar a região por acreditarem que fora dali não teriam mais a mesma atmosfera judaica de sua comunidade.

Os meus pais não pensaram em sair. Nunca pensaram em sair! Eles eram religiosos. Sabiam que em outros países a religião não era tão sagrada quanto na Polônia, com as sinagogas e todas essas coisas como andar de barba, de peruca. Minha mãe sempre usou peruca. Desde que eu a conheci, ela usava peruca. No Brasil, ela não usaria peruca. Hoje em dia se usa, né?[...] (Chaim Najman)

O extermínio de um povo inteiro era tão inconcebível que não dava margem para o judeu pensar em deixar a sua localidade de origem.

Sofia – O senhor e sua família pensaram em deixar o país antes da invasão nazista? Por quê?
Lejbus – Não, porque não pensávamos que Hitler, com seus planos diabólicos, pudesse querer eliminar os judeus da face da Terra! (Lejbus Brener)

À medida que os aviltamentos tornavam-se mais próximos, atingindo-os, alguns judeus passaram a acreditar no que antes parecia inacreditável e distante. Somente nessa hora é que eclodia a vontade – e a necessidade premente – de não mais viver num país onde estariam marcados para morrer.

Mas, o principal, que quero relatar em seguida, é a consequência imediata dessa prisão do meu pai que, antes, não cogitava em absoluto abandonar a Alemanha. A ideia de sair da Alemanha só teve lugar após ele ter sido preso. E se eu nesse momento estou aqui fazendo este relato, aos 65 anos de idade, em 1995, isso é fruto daquele fato. Senão, não teríamos sobrevivido. Meu pai, quando voltou do campo de concentração de Dachau, veio absolutamente convencido de que tínhamos de sair da Alemanha. E todo o esforço, todo o empenho que tanto o meu pai quanto a minha mãe procuraram levar a termo era nesse sentido, de sair da Alemanha.

[...]

É óbvio que, depois da Noite de Cristal, não foi só meu pai que acordou para o fato de ter que sair da Alemanha. Muitos outros também assim o fizeram. Pelo menos ainda houve a possibilidade de sair. Não houve um obstáculo impeditivo na época. Quer dizer, era possível sair: tudo dependia de algum outro país permitir a entrada. (Kurt Homburger)

Essa possibilidade de saída da Alemanha foi sendo subtraída aos judeus alemães, e negada aos judeus dos países que eram gradativamente anexados ao Terceiro Reich. Sem ter para onde ir, terminaram por contribuir, com seus corpos e suas almas, para a economia de guerra nazista.

CONTROLE E MANIPULAÇÃO DAS INFORMAÇÕES

Ninguém sabia nada de ninguém! Não havia comunicação. Ninguém podia imaginar[...] Quando os boatos começaram a chegar à nossa cidade, quando fugi, eu também não tinha certeza se seria morto ou não, não sabia o que iria me acontecer. (Lejbus Brener)

Como já dito anteriormente, os membros filiados ao Partido Nacional-Socialista tiveram sua responsabilidade individual renegada a segundo plano frente à responsabilidade social pela qual haviam jurado zelar. Aos judeus, por sua vez, foi retirada toda e qualquer possibilidade de participação social, numa perda gradativa de direitos e deveres, legitimada por leis como as arianas, de 1933, as de Nuremberg, de 1935[10], inserindo-os numa situação absurda, sem chance de defesa.

10 Cf. B. Abraham, *Izkor*.

Cada denúncia de repórteres ou de visitantes de outros países, que chegassem a ver a desigualdade daquelas medidas legais e as levassem indignados para o resto do mundo, era respondida pelo governo alemão como se tal atitude fosse parte de um complô judaico a fim de prejudicar a imagem da Alemanha, difamando-a frente ao mundo, e que tais denúncias feriam o orgulho alemão.

Muitos membros ilustres que deixaram a Alemanha antes da Segunda Guerra Mundial foram questionados pelos alemães pela história vivenciada que contavam em seu novo país de residência. Albert Einstein foi um deles, tendo, inclusive, se desligado da Academia de Ciências da Prússia, bem como da Academia de Ciências da Baviera, por discordância política, passando, por isso, a ser difamado e caluniado na Alemanha.

> Teria sido fácil para a Academia conseguir o texto exato de minhas declarações antes de se pronunciar a meu respeito da maneira como o fez. A imprensa alemã reproduziu minhas declarações de modo tendencioso, como se poderia esperar de uma imprensa amordaçada como a de hoje. Declaro-me responsável por cada palavra publicada por mim. E espero, já que ela se associou a esta difamação, que leve também esta declaração ao conhecimento de seus membros, bem como do público alemão, diante do qual fui caluniado.[11]

A política de informação alemã chega a um tal ponto de inversão que as ações cometidas pelos nazistas contra os judeus eram divulgadas como se aquela violência e revés tivessem sido cometidos pelos próprios judeus! Assim foi justificada, por exemplo, a Noite de Cristal.

Logo em seguida, o governo alemão – isso também eu sei, não por lembrança, como criança que eu era, mas sim por leituras feitas posteriormente – obrigou os judeus a pagar todos os prejuízos que os próprios nazistas causaram. Isto é, um mundo de dinheiro foi cobrado aos judeus, que tiveram desembolsos forçados para pagar os prejuízos, os consertos, etc... (Kurt Homburger)

Em relação aos judeus, uma sub-raça a ser exterminada, a manipulação de informações chegou ao nível máximo. Laqueur

---

11 A. Einstein, op. cit., p. 106-107.

faz um estudo minucioso sobre essa manipulação, no qual procura esclarecer até que ponto as notícias foram sonegadas aos judeus e ao mundo, e se mereciam crédito[12]. O autor se vê diante de uma tarefa nada fácil, uma vez que nunca houve, na história da humanidade, um plano como a "Solução Final". Foi basicamente através do controle e da manipulação de informações que Hitler e seus partidários conseguiram levar o seu intento racial enquanto não eram derrotados. A política de informações alemã se dava de forma a, entre outros objetivos, contribuir para que a arianização se processasse com o mínimo de alarde possível, tanto nacional como internacionalmente.

> Para evitar tumultos, os alemães, perfidamente, espalharam a notícia de que estavam precisando de milhares de pessoas para trabalhar nas terras conquistadas na Ucrânia. O Judenrat, Conselho Administrativo Judaico, preparou uma lista para a Polícia Judaica do gueto, a chamada "Ordnungs-dienst" (Serviço de Ordem) ou simplesmente "O.D.", e os policiais – os "odemanos" – eram encarregados de juntar o pessoal. Os soldados da SS estavam também pegando gente nas ruas, fuzilando aqueles que procuravam fugir. (Edward Heuberger)

Além da inversão de informações, divulgadas e manipuladas pelos nazistas, sobre os judeus incidiu outro fator limitante desta natureza: a proibição de ter acesso a qualquer meio de comunicação. Nos países sob domínio nazista, os judeus não podiam ter rádio; não podiam manter correspondência; e não podiam ir e vir de uma cidade para outra. Foram isolados de tal modo que não sabiam do mundo além-muros. A insegurança torna-se uma das reações consequentes ao isolamento geográfico e informacional.

> Ninguém podia imaginar o plano diabólico que Hitler e suas bestas humanas poderiam fazer com um ser humano. De modo que a atitude deles para iludir os judeus tinha que ser feita com o intuito de quebrar essa espinha dorsal para que os judeus não percebessem que havia perigo de vida. Então, isolando os judeus das cidades pequenas, das aldeias, das grandes cidades, sem poder se comunicar com ninguém, então ninguém sabia mais nada sobre ninguém. Ou melhor, às vezes, ao chamarem voluntários para trabalhar em certas firmas, iludiam todos os judeus. Ninguém podia imaginar uma coisa dessa tão ruim! (Lejbus Brener)

12 Cf. W.Z. Laqueur, op. cit.

E assim aconteceu na Polônia. Mesmo na cidade de Lodz, no gueto onde eu estava, ninguém podia fugir do gueto, pois estávamos cercados por poloneses e alemães! E também nós não sabíamos o que estava se passando com os judeus que foram levados do gueto. Eles não escreviam, nós não tínhamos notícias, e não sabíamos de nada. Não tínhamos rádio porque, quando os nazistas invadiram a cidade, a primeira ordem que deram foi para que entregássemos toda a espécie de rádio, telefone, não podíamos ter nada em casa. A gente entregou o rádio. Um ou outro arriscou a vida e escondeu o rádio. A gente ouvia algumas coisas, mas sobre campos de concentração a gente não sabia não, porque isso não era veiculado no rádio. Só depois da guerra nós descobrimos o que se passou [...] (Chaim Najman)

A manipulação de informações com vistas à ilusão de todo um povo se dava nas saídas das casas e dos guetos:

E nós estávamos dentro do gueto, sem saber o que estava se passando com os nossos irmãos, com os nossos pais, com os nossos avós, com os nossos filhos. Estávamos sofrendo, e nos entregamos ao diabo. Em 1944, quando saiu a lei dizendo que nós tínhamos que nos apresentar, espalharam uma notícia dizendo que os russos estão se aproximando, para levar a todos nós para a Sibéria. Então, nós tínhamos que nos apresentar, pois os alemães nos mandariam para lugares de trabalho. Cada um iria trabalhar na sua profissão. Assim falaram para a gente. E nós, ao ouvirmos isso, não desconfiamos do que eles disseram. Nós teríamos que nos apresentar de qualquer maneira [...] Havia eu, minha mãe, minha irmã Regina, e fomos nos apresentar na estação ferroviária. Havia milhares de pessoas lá. (Chaim Najman)

No gueto, a vida estava tão ruim, que muitos morriam de fome. Foram espalhados cartazes dizendo que as pessoas que fossem para fora iriam trabalhar em estradas, e seriam remuneradas por isso. E além dos trabalhadores terem boas condições lá fora, as famílias receberiam o soldo, ou seja, os trabalhadores não receberiam remuneração, e sim a sua família, no gueto. Receberiam assistência de saúde, alimentação, enfim, o que precisassem. Mas o dinheiro, já que eles não precisariam dele lá, seria entregue à família para o sustento dentro do gueto.

Havia muitos voluntários. As pessoas estavam muito ruins de saúde, sem comida. Pensavam que, com seu sacrifício de trabalhar fora, sustentariam a família, pelo menos dentro do gueto.

Para nos enganar, os carrascos deixavam nós chegarmos até uma certa distância, que dava para ver o caminhão. Eu não o vi por dentro, claro, senão não estaria aqui, estaria morto.

As pessoas eram levadas neste caminhão e durante o percurso de quarenta quilômetros até Chelmno morriam dentro dele. Esta foi a primeira câmara de gás na história da humanidade. Até então não haviam inventado uma câmara de gás para matar seres humanos. (Aleksander H. Laks)

No gueto de Lodz, os nazistas chegaram ao requinte de manter uma falsa correspondência entre os habitantes que haviam sido deportados e os que ainda lá viviam, com vistas a dissimular o real destino das vítimas, como um incentivo para que outros habitantes se voluntariassem às deportações. Uma vez o indivíduo vivendo enclausurado, tal manipulação pôde ter êxito.

E para ludibriar mais ainda, às vezes eles levavam as pessoas em caminhões comuns. Levavam para Chelmno, e obrigavam as pessoas, antes de morrer, a escrever uma carta dizendo que haviam chegado bem. As cartas eram escritas num papel com carimbo de outra cidade. As pessoas tinham que escrever que haviam chegado bem, que estavam sendo bem tratadas, esperando se reencontrar em breve com os seus. Estas mentiras incentivavam outros a virem também, fazendo crer que estavam sendo esperados, pois a vida lá era boa, etc [...] Estas cartas eram mandadas, aos poucos, para as pessoas conhecidas, embora os autores das cartas já não existissem mais, estavam mortos. E no gueto ainda recebia-se as cartas desses mortos com dizeres de que estavam sendo bem tratados. Tudo para enganar os incautos. (Aleksander H. Laks)

E mesmo a caminho dos campos de concentração, a ideia de trabalhos forçados era ratificada.

Sofia – Vocês sabiam para onde estavam sendo levados em cada uma dessas viagens?
Maria – Não, não sabíamos. Mas, decerto, não tínhamos muita confiança quanto ao destino para onde estavam nos levando, e fomos muito assustados. Nós sempre pensávamos que estávamos sendo levados para trabalhos – e de trabalho ninguém tem medo. (Maria Yefremov)

Não tínhamos conhecimento do extermínio, achávamos que era trabalho forçado, tanto é que até nos deram um sabonete para tomar banho. (Roza Rudnic)

Sofia – Vocês desconfiavam que eles já não saíam para trabalhar?
Laks – Não, foi tudo tão bem feito, que nós não desconfiávamos. Sabíamos que algo estava errado. Eu tenho a impressão de que uma pessoa com câncer, mesmo sabendo que tem câncer, não acredita que vai morrer. É uma defesa da pessoa dizer para si: "Eu não tenho

câncer" – embora saiba, no fundo, que vai morrer. Cada um tem sua defesa. E era exatamente isso que acontecia lá. Nós só pensávamos em sobreviver. Sabíamos que algo estava errado, mas preferíamos não pensar no assunto. A questão era sobreviver. Tudo era concentrado num sentido: sobreviver, conseguir comida, ganhar mais uma sopa, trocar uma calça por mais um pedaço de pão. Era isso que importava. As pessoas não queriam pensar no que estava acontecendo. Além disso, não tínhamos certeza. E se alguém vinha contar alguma notícia, logo respondíamos: "Você está maluco!"; "Mas tantas pessoas vão para fora e não dão notícias mais."; "E daí? Você não conhece os alemães? Eles não deixariam ninguém escrever." Esta era a nossa defesa. (Aleksander H. Laks)

Apesar do controle e manipulação das informações, o sistema não era perfeito. Por vezes, vazavam informações que iriam denunciar a organização genocida. No entanto, ainda assim, isso não significava uma possibilidade de reação organizada por parte dos judeus.

Mas sabíamos que essa situação não seria permanente. Sabíamos que daqui a alguns meses os alemães iriam chegar no gueto e levar outra parcela da população, pois de vez em quando eles faziam isso.
Sofia – Como vocês sabiam das deportações?
Leon – As notícias sobre as deportações começaram a vir de fora, de outras cidades que já tinham passado por isso, e se espalhavam. E já se sabia que, um dia, o gueto seria completamente cercado pela Gestapo e por tropas, e que apanhariam as pessoas para colocá-las em trens para serem enviados para os campos de concentração. O povo estava dividido em diversas categorias. Os jovens tinham uma carteira de trabalho e trabalhavam nas fábricas e em diversos estabelecimentos para os alemães. E já se sabia que iria chegar o dia em que não haveria mais condições de voltar atrás. (Leon Herzog)

Sofia – Nesta época, vocês no gueto já sabiam da existência de campos de extermínio?
Edward – Já sabíamos. Já conhecíamos Auschwitz, e já sabíamos que existia Belzec. A notícia sobre Belzec chegou de duas fontes. Ela se espalhou através de algum funcionário da Estrada de Ferro, um maquinista ou auxiliar deste que iam no trem que levava todo mundo amontoado em vagões de carga, de gado, ainda da primeira evacuação de judeus para o anteriormente mencionado trabalho na Ucrânia. Ele ficou sabendo e contou que lá existiam as câmaras de gás e fornos. A segunda fonte era um homem que conseguiu fugir de lá. Eu não cheguei a vê-lo, mas a notícia era que ele havia conseguido se esconder na latrina. Eu não posso imaginar como ele conseguiu fugir do grupo que

ia para a câmara de gás. De acordo com a minha experiência posterior, ele deveria se despir e depois entrar com o grupo para o chamado "banho". A única possibilidade viável era que ele já tivesse trabalhado lá, em algum comando que tirava os corpos das câmaras de gás e levava para os fornos, ou que recolhia e guardava as roupas. Dizem que ele se escondeu na latrina, e de algum modo, todo transtornado, conseguiu voltar para o gueto de Cracóvia, e trouxe essa notícia macabra sobre o destino do pessoal. Aí soubemos, o que foi confirmado, que Belzec era um campo exclusivo só de extermínio. (Edward Heuberger)

Mesmo sabendo que o que estava por acontecer não deveria ser algo bom, a esperança de sobreviver fazia com que cada indivíduo fizesse dessa esperança a sua luta pessoal, uma vez que qualquer esboço de reação implicava na morte certa.

Quando nós chegamos, a única coisa que se ouvia era "HeRaus! HeRaus! HeRaus!". E esses gritos vinham dos ss para que nós saíssemos dos vagões para nos apresentarmos. Fomos colocados em filas de cinco e ficamos esperando até que todos os que vieram para o campo foram arrumados na plataforma. Aí, alguém declarou em voz alta – nem todos viam quem estava falando porque nós éramos, no mínimo, umas 2 mil pessoas – que tínhamos de dizer o nome, a idade e a profissão. E cada um de nós, a cada fileira de cinco pessoas, precisava passar por esse ss e dizer nome, idade e profissão. Ele ficou com os braços cruzados e apontava para qual lado a pessoa deveria ir. Um dos lados seria para ir diretamente para o crematório, sem fazer ficha, sem fazer nada. O outro lado seria para se registrar e ir trabalhar no campo – mas isso nós só soubemos depois.

No entanto, ninguém é burro de nascença; já tínhamos aprendido muita coisa para sabermos quem vai para um lado e quem vai para o outro. Naturalmente, nós não íamos para o mesmo lado das crianças, procurávamos ir aonde iam os adultos. E não adiantava muito procurar o lugar aonde você quisesse ir, porque não lhe davam opção. Se te pegassem, você já iria imediatamente para um lado, com recomendações. Então, já havia muitos sinais que nos faziam ter medo. (Abraham Warth)

Os alemães não esperavam perder a Segunda Guerra Mundial, e isso era atestado pelos registros feitos pelos integrantes do partido, fosse via documentos, ou fotos, ou filmes, confirmações dos planos traçados. Mas, em 1945, quando a derrota já era sentida pelos alemães, as ordens de apagar os vestígios da ideologia de extermínio, que se comprazia com a "Solução Final", foram sendo dadas a cada localidade e a cada campo de concentração e extermínio à medida que os aliados se aproximavam desses locais. Assim, câmaras de gás foram implodidas, corpos enterrados em valas profundas e distantes dos caminhos... Não podia haver sobreviventes, testemunhos...

Nós reconstruíamos os barracões, porque nunca havia barracões suficientes para todos, já que os prisioneiros dos outros campos estavam sendo recuados para Ebensee, para que os inimigos dos alemães não nos alcançassem, pois éramos testemunhos vivos. (Abraham Warth)

Quando, no final de 1944, os alemães sentiram que deveriam evacuar também este campo devido à aproximação dos americanos, nós fomos evacuados de Melk para Ebensee, e essa marcha foi mortal... (Lejbus Brener)

A manipulação de informações reflete a capacidade de fragmentação do sistema. Por sua vez, os indivíduos coniventes com esse sistema reproduzem essa fragmentação em si próprios e em seus atos. Às vítimas, resta a confusão na qual se veem como alvo, sem ter meios de averiguação.

A EXPULSÃO DO LAR

Como é ser obrigado a sair da própria casa e abandonar toda uma história de vida simbolizada e materializada em cada pormenor, sem chance de recorrer dessa medida imposta?

O vazio e a falta de referência são algumas sensações que nos acometem ao pensarmos em tal situação. Pois foi exatamente essa a situação imposta aos judeus nos domínios do Terceiro Reich, já que eram considerados uma raça não humana, e, portanto, não precisavam mais daquelas residências. Perguntamos: como pode um indivíduo passar, da noite para o dia, a se pensar a partir desse vazio? Será que conseguiria manter-se seguro de suas possibilidades de continuar a viver condignamente com sua família? Como olhar o mundo a partir de uma situação como essa?

Os judeus foram desmoralizados socialmente e tornaram-se inseguros quanto à sua possibilidade de existência. Assim foi o início da luta pela sobrevivência, pelo comer e dormir a cada dia.

A primeira arma foi a retirada da pessoa do lugar onde vivia com a família, onde tinha seu lar e seus amigos, seu meio de sobrevivência, e simplesmente jogá-la num lugar para onde ela não pediu para ser mandada e onde ela teria que começar uma nova vida. Havia velhos e pessoas doentes que não tinham condições de começar tudo de novo. Era uma quebra da moral das pessoas de maneira sistemática, a fim de que elas não tivessem meios de se levantarem contra qualquer coisa. Primeiro porque, para uma pessoa ser contra o dia a dia que está vivendo, tem que ser antes uma pessoa, com o seu lar, a sua família, o seu negócio, seu modo de vida, seu emprego, os quais defende. No momento em que é deslocada do seu ambiente, do seu lar, do seu emprego, dos amigos e das influências que tem, a pessoa se quebra moralmente e passa a não ter nenhuma possibilidade de lutar contra essas injustiças, contra essas atrocidades. Esses foram os primeiros passos dados pelo fascismo na Alemanha, na Áustria e depois, com imitações, na Polônia.

Assim, conseguiram quebrar a resistência das pessoas que eram contrárias a isso tudo, especialmente as mais atingidas. Ao invés de se organizar, de reivindicar os direitos que todo ser humano tem, em bloco, eles foram obrigados a sobreviver a fim de, desde o primeiro dia, procurar encontrar um lugar para dormir a primeira noite, um lugar onde pudesse simplesmente conseguir o primeiro café da manhã[13]. Com isso, as sinagogas, os colégios ficaram cheios de imigrantes vivendo uma vida sem nenhuma higiene, sem nem sequer poder se chamar isso de vida, num abandono quase que completo, porque os judeus residentes na Polônia não estavam organizados para poder ajudá-los num momento como esse. E quem imaginaria o que pudesse acontecer. (Abraham Warth)

A expulsão dos judeus de seus lares teve início antes da guerra, incidindo primeiramente sobre os judeus da Alemanha e da Áustria, que eram enviados para outros países, principalmente para a Polônia.

Nesse mesmo ano, em 1942, chegaram judeus da Alemanha e da Áustria, que foram colocados no gueto de Lodz. Queriam colocar juntos também judeus alemães descendentes de judeus poloneses; estes, então, foram mandados para a Polônia, para cidades como Varsóvia, Lodz, para a cidade onde eu nasci, Opole.... (Chaim Najman)

Com o início da Segunda Guerra Mundial e a crescente política expansionista do Terceiro Reich aliada ao plano de purificação da raça ariana, os judeus começaram a ser obrigados

13   Grifos nos depoimentos são sempre destaques da autora.

a abandonar suas casas para serem confinados em guetos, em especial na Polônia.

Quando se começou a falar em gueto, nós sentimos um certo alívio. Pensávamos que, pelo menos, não teríamos aquela população hostil, polonesa, à nossa volta. Decerto teríamos que lidar com os alemães; mas iríamos trabalhar, e talvez fosse como na Veneza de antigamente, e nós sobreviveríamos. No mínimo, não teríamos mais que lidar com os poloneses que amarguravam nossas vidas com extorsão, roubos e espancamentos. Quando os alemães não tiravam o nosso pão, os poloneses vinham e tiravam – e nós judeus não podíamos nos queixar a ninguém. Por isso pensávamos, se os alemães querem fazer o gueto, que o façam logo, pois ao menos não teremos que lidar com esses nossos vizinhos. Viveríamos só entre judeus e talvez fosse melhor.

Mas não foi. O gueto foi preparado para os alemães terem a população judaica reunida. E na fase posterior da "Solução Final", quando precisaram era só esticar a mão e pegar os judeus que queriam. Mas, na época, nós só entendíamos que, com o gueto, nós nos livraríamos dos vizinhos poloneses. (Aleksander H. Laks)

[...] antes de formarem o gueto, os alemães resolveram, um dia, juntar todos os judeus no gueto. Ou melhor, nem todos: uma parte foi deportada antes. Foi a primeira coisa horrível que aconteceu. Já se sabia, pois eles anunciaram, que na madrugada de um certo dia marcado – eu não me lembro a data exata, mas aqui nesse livro deve ter – todos os judeus deveriam sair de casa e se agrupar numa grande praça de esportes. E só poderiam levar uma mochila nas costas com poucos pertences. (Leon Herzog)

A expulsão do lar era imediata e compulsória. O prazo dado às famílias para abandonarem seus lares era de horas ou de minutos. O que pensar nesse momento? O que levar? O que selecionar de toda uma vida construída para uma convivência familiar comum? Não há tempo para reações emocionadas. Quem não cumprisse a ordem era fuzilado.

Sofia – O que foi permitido a cada um de vocês levarem de suas casas para o gueto?
Laks – Bem, como desde antes já estavam registrados todos os bens que cada judeu possuía, quando os alemães entravam na casa de um judeu onde houvesse objetos que fossem de seu interesse, não se podia levar nada. Eles simplesmente entravam e davam dez minutos para sair de casa. Em dez minutos, o que você podia pegar? Umas camisas, um

par de sapato, um sobretudo e pronto. Em outros casos, davam quinze minutos. Quando o interesse pelos objetos era menor, davam até 24 horas, às vezes. E durante essas 24 horas levamos o que conseguimos. Em seguida, lacravam as casas e ficavam com elas para si. Não havia muito critério. (Aleksander H. Laks)

Sofia – Como o senhor e sua família se sentiram diante dessa situação de ter que sair de sua casa, levando poucas coisas, indo morar num gueto?

Chaim – Não há palavras para contar. Não se pode falar do sentimento. Não dá para expressar o sentimento que a gente sente num momento assim. É uma tristeza. A gente saiu chorando de casa. Entramos no gueto, que ficava num bairro pobre da cidade. Ao todo, entraram 280 mil judeus, não era brincadeira[...] Entramos lá sem trabalho, sem dinheiro, sem comida [...] O dinheiro que nós tínhamos, tivemos que usar para pagar a casa. Aí eu fui trabalhar como lixeiro. (Chaim Najman)

A primeira coisa, quando os nazistas entraram, eles baixaram decretos fixando cartazes de que nenhum judeu poderia mais usar peles, botas; não poderia ter joias nem rádio; todo judeu tinha que ter uma faixa com a estrela de David no braço esquerdo; não podia sair da cidade, e tudo isso sob pena de morte. E depois, quando eles nos colocaram no gueto, todos nós perdemos tudo. Só era permitido levar uma mala, e tivemos de deixar a casa para trás, com tudo o que havia lá, a fábrica, os negócios, tudo. As pessoas começaram a viver apertadas no gueto, numa área pequena, num quarto onde viviam três ou quatro famílias, e isso era horrível. (Leon Herzog)

Construídos nas áreas mais pobres de cada cidade, os guetos eram destinados aos judeus das localidades próximas e, também aos judeus deportados de outras cidades e países. Posteriormente, seriam todos enviados aos campos de concentração e extermínio.

Na cidade de Lodz, fizeram o gueto em Baluty. Os poloneses que viviam nessa área destinada ao gueto tiveram de sair de suas casas, e toda a população judaica da cidade de Lodz, e dos arredores, teve de ir para lá. Era um bairro sem infraestrutura, o mais maltratado da cidade, e praticamente esquecido. As construções eram, na sua maioria, de madeira, enfim, era o pior bairro da cidade. Para viver mais ou menos, bem apertados, calculo, com tolerância, que dava para 15 mil pessoas. Foram postas 160 mil pessoas nesse quarteirão onde só caberiam no máximo, no máximo, 15 mil. Foram postas 160 mil pessoas! (Aleksander H. Laks)

Então, até a guerra eu estava na direção daquela fabriqueta, até que nós fomos todos obrigados a sair de casa e os alemães criaram, em 1942, um gueto dentro da cidade, um lugar onde concentraram todos os judeus para facilitar o perverso plano de aniquilação dos judeus. (Leon Herzog)

Além de funcionar como um aviltamento simbólico e material do referencial familiar, a formação dos guetos fazia parte do programa de alijamento social e progressivo extermínio dos judeus. Qual seria a próxima etapa?

O DESMEMBRAMENTO FAMILIAR

Os laços familiares são um dos referenciais básicos da formação cultural do indivíduo. Ao separar famílias inteiras, os nazistas reforçavam a concepção de não humanos acerca dos judeus, fundamento da purificação racial por eles preconizada. Com isso, não estariam cometendo nenhum crime humanitário, uma vez que, segundo eles, o alvo de seus maus-tratos não eram homens, mas sim um vírus pestilento, nocivo e que teria de ser exterminado.

Hitler havia dito que os judeus, certamente, eram uma raça, mas não humanos. Nós fomos excluídos da raça humana. Essa frase mostra bem o que se pensava sobre os judeus. (Aleksander H. Laks)

Resta aos judeus a busca da saída dessa tautologia no entendimento da sua realidade a partir de outras premissas. Premissas que conseguem manter dentro de si, já que o indivíduo é capaz de reconhecer-se. Mas, para a confirmação desse seu reconhecimento, faz-se necessária uma prática social, onde haja o encontro com outras pessoas que também partam dessas mesmas premissas de entendimento. E essas, os judeus não encontraram durante o período nazista. Suas famílias eram, portanto, a única referência, microssocial, nas quais cada um poderia ver confirmada a sua identidade e seu conceito de existência. Esse pilar foi desprezado pelos nazistas, que se utilizaram dele como bem quiseram, para ludibriar os judeus.

Naquele dia, praticamente limparam a cidade, onde os judeus ainda estavam espalhados, e concentraram-nos naquela praça. Lá começaram a separá-los: os jovens que estavam trabalhando foram para o trabalho, e os que não tinham carteira de trabalho, ou seja, que não trabalhavam, foram deixados nessa praça por três dias, mesmo com crianças doentes, sem água nem comida. Depois começaram a levar uma grande parte dessas pessoas até a estação de trem, onde começaram a ser embarcados em vagões de gado para campos de concentração. Naqueles três dias morreram mais de 1 mil pessoas. Perto do cemitério foi feita uma grande cova comum onde os próprios judeus enterraram essas pessoas.

[...]

Naquele dia, meus dois irmãos Pinchas e Samuel, com suas famílias, com as crianças pequenas e as mulheres, foram levados. E aqueles que sobraram foram levados para um gueto que estava sendo preparado. Mas, quando estavam limpando a cidade, eu escondi meu pai e minha mãe no sótão, esperando que passasse aquela situação. Eu me apresentei porque eu trabalhava, e fui levado para o trabalho na fábrica de uma siderúrgica. (Leon Herzog)

Nos guetos, haviam as deportações compulsórias, ou seja, seleções às quais todos os habitantes do gueto deveriam se apresentar, sob pena de morte. Nessas, o critério podia variar: ora selecionavam homens ainda fortes para o trabalho, ora selecionavam velhos, deficientes, crianças para a morte. No entanto, na maioria das vezes, não havia qualquer critério explícito.

E como funcionava a deportação? Os alemães decretavam o toque de recolher. Todos tinham que ficar dentro de casa. Não se trabalhava naqueles dias. Os alemães se dirigiam a uma rua de casas baixas, escolhiam só as casas ou edifícios daquela rua, e disparavam um tiro. As pessoas tinham que se juntar na esquina ou no pátio onde eram selecionadas. Era a chamada "selectzia". Algo indescritível: tiravam os filhos dos pais, os pais dos filhos, e dos parentes. Selecionavam quem ficaria no gueto e quem sairia para trabalhar, conforme as palavras deles. Mas todos iam para Chelmno, o campo de extermínio. (Aleksander H. Laks)

Ouvimos o tiro de alerta e as pessoas começaram a descer. Escutávamos tiros, gritos e choros lá de fora. Começaram a separar as famílias, arrancando as crianças dos colos das mães. Em alguns casos, se a mãe queria ir com a criança, às vezes deixavam. Mas na maior parte das vezes não deixavam e a mãe era espancada ou morta ali mesmo. (Aleksander H. Laks)

Sofia – Qual foi o critério de seleção na hora da separação?
Roza – Nós não sabíamos de nada. Eles separaram as mulheres idosas, as mulheres que tinham crianças; às vezes apanhavam as crianças e deixavam as mulheres à parte.

Sofia – Como era o momento da separação das mães e suas crianças?
Roza – Horrível. Choravam muito, mas não adiantava.
Sofia – Houve reação das mães na hora da separação?
Roza – Sim, muitas. Algumas foram fuziladas na hora. (Roza Rudnic)

Fizeram uma limpeza no gueto, que foi a seguinte: eles limparam todos os hospitais, ou seja, tiraram todos os doentes, todas as crianças[...] Todos os que estavam doentes tiveram de se apresentar. Além desses que tinham de se apresentar, os alemães invadiram as casas, inclusive a minha. Por sorte, a minha mãe não estava em casa naquela hora, estava na casa do vizinho. Mas, meu padrasto estava na cama, em casa. Ele estava com os pés inchados, não podia se levantar. Chegaram lá os policiais, e o tiraram da cama. Isso se deu em agosto de 1942. Isso também eu nunca vou esquecer na vida! Tiraram ele da cama e levaram-no. (Chaim Najman)

O resultado foi o seguinte: tiraram velhos, crianças, aleijados, quem podia e quem não podia andar. Levaram caminhões e caminhões com aqueles que não foram levados para dentro dos vagões. Começaram a levar as crianças, a jogá-las em cima dos caminhões – não as levavam, levantavam e botavam com calma nos caminhões, não! Eles as jogavam como se joga lixo, em cima dos caminhões e as levaram logo (depois nós ficamos sabendo) para a Rua Slovaciego, onde fizeram grandes valas para servir de sepultura e, inclusive, contava-se que a terra se mexeu alguns dias depois. (Abraham Warth)

Quando morávamos juntos em Wieliczka, a minha família ainda morava no gueto, inclusive com minha irmã mais velha que também conseguiu voltar com a criança para Cracóvia – o marido dela se perdeu em Lwów. Mas, quando nós chegamos ao gueto, os meus pais e uma das irmãs gêmeas não estavam mais lá. Eles haviam sido vítimas da primeira evacuação de moradores em 1942, levados para um lugar desconhecido. [...]
Meu pai, um senhor de cabelos brancos, funcionário de uma seção do Judenrat, também entrou com as centenas de outras pessoas na lista dos futuros "trabalhadores" na Ucrânia, e foi levado junto com a minha mãe – mas não foram sozinhos. Uma das minhas irmãs gêmeas, a mais forte (uma era ruiva alta e forte, e a outra morena e mais baixa, completamente diferentes os tipos de uma e da outra), seguiu com os pais voluntariamente para ajudá-los, mas infelizmente para não voltar mais. Amontoados nos vagões de gado seguiram diretamente para o famigerado Belzec, o campo de extermínio onde se entrava pela porta e se saía pela chaminé – o que soubemos bem mais tarde. (Edward Heuberger)

Até o final de 1942, ainda estávamos juntos, a família reunida. Foi quando começaram os bombardeios e as evacuações. Ficamos todos escondidos nos *bunkers*. Eu, meu pai, minha tia e uma priminha de cinco anos ficamos num *bunker*, e minha mãe e minhas irmãs em outro *bunker*, porque não havia espaço. Dentro dos *bunkers* se exigia silêncio para os alemães não atacarem: uma mãe foi obrigada a sufocar dois filhos porque choravam. Mas nada adiantou. Depois de algum tempo nos descobriram e fomos todos para a praça pública. Mandaram que levássemos apenas uma malinha, pois disseram que iríamos para o trabalho forçado.

Ao sair do *bunker*, já não encontrei mais minha mãe nem minhas irmãs, e fomos levados para o campo de concentração eu, meu pai, e minha tia com a menininha. Ao chegarmos lá, separaram a criança. Meu pai foi para outro campo, e eu fiquei em Auschwitz. (Roza Rudnic)

Quando chegamos ao gueto, fomos instalados eu e meus dois irmãos (já que o outro irmão era casado, não estava morando conosco) num quarto e o restante da família em outro quarto, a uma quadra de distância. Quando da quinta noite desde que havíamos chegado no gueto, a polícia judaica chegou requisitando meus dois irmãos para o trabalho. Eles foram levados para trabalhar em Lwów, a noventa quilômetros de distância de Prszemysl. Lá já estava sendo organizado o primeiro campo de trabalho. Nunca mais voltaram de lá. Tem-se notícias de que quase ninguém desse campo sobreviveu. Diversas vezes, mandamos o nosso porteiro, de onde morávamos quando fora do gueto, para ver se ele conseguia se comunicar com nossos dois irmãos. Mandamos roupas e comida. Da última vez, ele conseguiu trazer uma carta do meu irmão mais novo na qual ele nos pedia que vendêssemos suas roupas e com o dinheiro comprássemos pão para nós, já que, onde ele estava, não precisaria mais de roupas, pois sabia que ele não iria sobreviver. Essa foi a última carta que recebemos de nosso irmão mais novo. Essa foi a primeira contribuição de nossa família, os nossos dois irmãos foram os mártires dessa avalanche fascista. E foi a primeira "Solução Final" que nós começamos a sentir. Foi o início do Holocausto, o início do fim. Foi o começo, para aqueles que ficaram vivos, de passar muito mais do que aqueles que morreram. Dentro do gueto, cada um começou a sentir que havia algo no ar, muito mais grave do que o que acontecera até então. (Abraham Warth)

Quando nós voltamos do nosso trabalho externo para o gueto, onde antes viviam vinte mil almas, só restavam uns 10% do chamado gueto B. O gueto A, formado por aqueles que não trabalhavam, havia sido reduzido ao gueto B. No outro dia, nós que trabalhávamos, não encontramos mais ninguém de nossas famílias. Todos haviam sido retirados e levados para Treblinka, Belzec, etc., conforme soubemos depois. (Abraham Warth)

Ao chegar aos campos de concentração, os judeus voltavam a ser selecionados e, consequentemente, as famílias que ainda estivessem reunidas eram nessa hora desmembradas. Essa nova separação se dava entre homens e mulheres para, logo em seguida, serem todos destinados para a vida ou para a morte.

> Sofia – O senhor sabia o porquê da separação das pessoas?
> Chaim – Não. Só depois eu soube o que aconteceu. Quando perguntei à minha irmã, pela janela, "Cadê a mamãe?", ela me mostrou, fazendo um sinal na garganta, que a minha mãe morreu. (Chaim Najman)

> Assim, nós viajamos alguns dias e algumas noites, até chegarmos em Auschwitz. Lembro-me que éramos, aproximadamente, umas sessenta pessoas dentro desse vagão, onde mal podíamos nos sentar, muito menos deitar, e que toda a viagem foi muito desagradável e deve ter levado uns dois ou três dias, mais ou menos. Quando chegamos, as pessoas que nos ajudavam a descer diziam: "Depressa! Para fora!", e formamos filas de cinco em cinco pessoas. Passamos em frente a uma mesa onde estavam os alemães, entre eles o dr. Mengele. Na fila, estávamos eu, minha irmã, minha mãe e minha outra irmã com a sua filha, que tinha mais ou menos dez anos de idade. O dr. Mengele nos dividiu, dizendo para mim e minha irmã Léa: "Vocês duas, à direita." A minha irmã Léa pensou que os mais jovens seriam levados para algum campo de trabalho e os velhos e as crianças para onde não precisariam trabalhar e disse para o dr. Mengele: "A minha irmã está grávida", numa tentativa de me ajudar. Entretanto, ele respondeu: "Não faz mal, vocês vão". Então ela disse: "Eu não quero me separar de minha mãe." E ele respondeu: "À noite vocês se encontram". E assim, pensávamos que à noite encontraríamos a nossa família. (Maria Yefremov)

Ainda nos campos de concentração, algumas crianças podiam não ir direto para as câmaras de gás. Porém, cedo ou tarde, eram levadas para o extermínio.

> Quando nós todos estávamos ouvindo a música, mas olhando inquietos para todos os lados, vimos de repente duas ou três carroças puxadas a cavalos saindo de alojamentos com as crianças em cima que, já passando perto de nós, estavam se despedindo com um aceno das mãos. Compreendemos imediatamente que, enquanto nós todos estávamos sendo concentrados na "Appellplatz", os alemães estavam percorrendo todos os barracões e pegando as crianças, que agora estavam sendo levadas para Auschwitz: o que significava o fim delas.
> E agora, imagine o tumulto. Imagine o que sentiram as mães e os pais! As mães começaram a gritar e a correr como loucas na direção de seus filhos. Os alemães postaram-se em posição de atirar. Senti calafrios pressentindo um massacre, mas alguns soldados conseguiram segurá-las antes

de elas atingirem o cordão preparado para atirar. As carroças continuavam indo devagar em direção ao portão do campo, e as crianças acenando com as mãos. A ordem na praça foi restabelecida, mas não houve uma só pessoa, homem ou mulher, que não tivesse chorado – e eu chorei também. Eu estava na primeira fileira do meu bloco – não sei que diabo eu sempre ficava entre os primeiros – e, muito comovido, chorei com os outros. Foi a única vez que chorei durante essa guerra. (Edward Heuberger)

Esta descrição ganha contornos ainda mais nítidos quando da rememoração desta cena no filme "A Lista de Schindler", de Steven Spielberg. Foi tão forte que o sr. Heuberger também não se conteve, mesmo já não tendo mais nenhuma criança em seus laços familiares. O conteúdo da situação é tão chocante e os requintes utilizados pelos nazistas para levarem a cabo tal medida são tão macabros que até um soldado SS, em serviço, se comoveu:

O soldado SS, encarregado do nosso bloco, que cuidava da ordem, virou-se para mim, na passagem, e disse em alemão: "Vocês choram, mas o meu coração está uivando, explodindo." Eu olhei para ele e não podia acreditar que este SS, que deveria ter, talvez, uns 45 anos, talvez casado, com filhos, mas em serviço no campo de concentração, tivesse mostrado um lado humano. Isto foi uma grande surpresa para mim. Este homem, meses depois, fez parte de um grupo de soldados que nos vigiavam na fábrica de Schindler, na Tchecoslováquia. (Edward Heuberger)

Numa exceção à regra, a sra. Maria Yefremov conseguiu sobreviver à seleção ao chegar a Auschwitz, mesmo estando grávida. Uma vez ali confinada, a responsável pelo seu bloco, ciente de sua condição, acompanhou a gravidez até o fim. Quando então a criança nasceu, seguiu o destino das outras tantas crianças que passavam pelos campos de concentração.

Eu sempre me escondia para que não vissem que eu estava grávida, pois quando entrei lá, em maio, eu estava com cinco meses de gravidez e em 18 de agosto eu dei à luz a criança. Mas ela foi levada assim que nasceu, e eu assisti a isso e não pude fazer nada [...]. (Maria Yefremov)

Apesar de todas essas perdas, os judeus continuaram a lutar pelas suas vidas, numa demonstração da capacidade de responder ao sofrimento.

E quem eram os não humanos?

A VIDA FRENTE AO GENOCÍDIO

Como vemos, o tratamento dispensado aos judeus era de não humanos. No entanto, ainda durante as deportações, a situação era tida pelos judeus como se todos eles estivessem indo para trabalhos forçados. A situação de um estado em guerra reforçava essa hipótese. Nessas condições, a economia de guerra servia de justificativa para as precárias remoções.

> Sofia – Quanto aos transportes, os vagões eram fechados?
> Roza – Sim, a sete chaves. Os vagões eram iguais aos que transportam gado. Nós não tínhamos ar nem alimento.
> Sofia – A senhora tem noção de quanto tempo durou a viagem quando do transporte do gueto até Auschwitz?
> Roza – Não dá para lembrar.
> Sofia – Qual a sensação de vocês durante o transporte?
> Roza – Eu nem sei o que nós pensávamos. Primeiro porque já estávamos separadas da família – então, você imagina como estávamos, além de espancados e esfomeados [...] (Roza Rudnic)

A apreensão da dimensão genocida da situação muitas vezes só se dava quando da chegada aos campos de concentração e extermínio.

> Nós não sabíamos da existência de campos de concentração ou de fornos crematórios. Pensávamos que se tratava de trabalhos forçados. Até eu ser levada de minha cidade, eu não tinha tido notícias de campos ou crematórios. Só quando cheguei em Auschwitz foi que eu vi, do bloco onde fiquei, o forno crematório dia e noite aceso. Tinha chamas que chegavam a alguns metros de altura, e um cheiro horrível de gordura humana que impregnava o campo. Eu e minhas companheiras víamos e sabíamos que nossas mães não voltariam, nem os pais, nem as crianças. Todos sabíamos para onde eles foram: bastava olhar aquele fogo. (Maria Yefremov)

> E logo ao chegarmos lá, vimos uma fumaça saindo da chaminé, e perguntamos: "De onde é essa fumaça?". Quando chegamos à barbearia para cortarem os nossos cabelos, os barbeiros nos disseram: "Essa aqui é a chaminé dos ossos dos nossos pais, dos nossos irmãos que estão sendo queimados. Eles já passaram pelas câmaras de gás, mas alguns não foram mortos pelo gás e estão sendo queimados vivos." (Chaim Najman)

Por mais que a situação vivida pelos judeus fosse crítica, era-lhes difícil conceber a dimensão do genocídio perpetrado pelos nazistas. Em seus estudos antropológicos, Freud constata que o homem não consegue imaginar a própria morte, permanecendo como um espectador de uma ideia, sem chegar a conseguir vivê-la[14]. Talvez esta seja uma das razões pelas quais os judeus sempre acreditassem que iriam sobreviver, mesmo quando à frente das câmaras de gás.

O impacto de tal situação era tal que a capacidade de pensar em como conceber aquilo para si não operava. É impossível para o homem conceber a própria morte como a matéria-prima de uma indústria que se apresenta à sua frente. A esperança de não ser o próximo nas filas de morte convivia com o sentimento de impotência diante de como reagir, em especial porque, mesmo que saíssem do campo, nos arredores a sorte que os esperava parecia ser a mesma. Com isso, era difícil compreender a própria vida.

Em sua passagem pelos campos de concentração, Frankl relata as diferentes reações dos prisioneiros frente à situação vivida como sendo um dos fatores responsáveis pela sobrevivência em condições tão adversas. Para ele, aqueles prisioneiros que ainda conseguiam vislumbrar algum sentido em suas vidas, mesmo que futuro, sobreviveram[15]. À medida que os indivíduos perdiam suas esperanças e a capacidade de acreditar em algum motivo para o qual viver, facilmente sucumbiam. A vivência do sr. Lejbus Brener confirma a visão de Frankl:

> Em março de 1945, chegando do trabalho encontrei-me com um companheiro conhecido – Benjamin – da nossa cidade, e perguntei-lhe como ia a sua saúde. Ele me mostrou os pés e as mãos que estavam inchados, bem como a cabeça. "Não posso nem estou mais em condições de viver", disse ele. Respondi batendo levemente minha mão magra sobre seu ombro, dizendo-lhe que temos de ter esperança e firmeza, e que o dia da libertação chegaria. Alguns dias depois, perguntei aos outros companheiros como estava Benjamin; a resposta foi que ele morreu dormindo.
> Uns quinze dias depois, me encontrei com outro conhecido da nossa cidade, Icek Majer Waga – era alto e forte quando o encontrei em Plaszów. Conversando, me mostrou seus pés e suas mãos que também estavam inchados dizendo desesperado: "Leon, não sairei vivo daqui." Emocionado, foi embora. Eu, parado, pensativo e chocado fui

---

14 Cf. S. Freud, Reflexões Para os Tempos de Guerra e Morte, ESB, v. XIV.
15 Cf. V.E. Frankl, *Un Psicólogo en el Campo de Concentración*.

lentamente para o meu alojamento. Infelizmente, depois de alguns dias, soube que Icek Majer Waga tinha morrido dormindo também.

A desistência dos amigos contrastava com a sua persistência em continuar a viver, um aspecto psicológico que o sr. Brener tem como o pilar de sustentação do indivíduo.

Leon Herzog, após a guerra, também procurou incentivar psicologicamente os sobreviventes – nem sempre com sucesso:

> Eu me lembro de um fato muito desagradável que aconteceu. Um dia, cheguei no hospital e um médico chefe veio falar comigo e me disse: "Nós temos um problema aqui." Ele me levou até um paciente que era um judeu sobrevivente de campos de concentração de uns trinta e poucos anos que havia cortado a garganta. Depois de passar a guerra e ser libertado, ele viu que não tinha mais por que viver e cortou a garganta. E ele foi operado lá e eu fui falar com ele. Disse-lhe que eu sou judeu, e ele me respondeu que tem um irmão que também estava num campo de concentração mas não sabe onde ele está; contou que perdeu a mulher, um filho[...] Eu disse a ele que ele iria ficar bom e que ele encontraria seu irmão[...] Se passaram alguns dias, ele estava melhorando, mas uma semana depois, ele pegou uma tesoura e cortou de novo a garganta e morreu. Isso foi muito triste.

Durante as nossas entrevistas, procuramos compreender, através do estilo de narrativa e da personalidade de cada pessoa, se a sua sobrevivência se deu em função de algum sentido que tenha se mantido em suas mentes. Muitas vezes, as pessoas diziam que não sabiam por que, mas tinham uma vontade enorme de viver. Mas o que as fez sobreviver ainda é uma incógnita em muitos casos.

> O ser humano é muito complexo, cheio de mistérios ainda não desvendados, sem saber por que e como reage desta ou daquela maneira, principalmente em situações de perigo entre vida e morte. O fator psicológico, o instinto de vida, o instinto animalesco que o ser humano possui e, talvez, a chamada sorte, todos esses fatores juntos foram responsáveis pela minha sobrevivência do Holocausto. Como eu agi, como eu me comportei, e quais foram as outras forças do meu interior, ainda são incógnitas para mim. As explicações deixo para psicólogos, psiquiatras e psicanalistas. (Lejbus Brener)

O permanente estado de alerta aguçava os sentidos que, muitas vezes, davam viva voz à intuição.

Agora vamos falar um pouquinho sobre a intuição – estou falando com uma psicóloga, mas disto me lembro como se fosse hoje. Certa noite, acordei sentindo-me inquieto, suado, um pouco nervoso, sem pegar no sono novamente. O ar do quarto parecia-me muito abafado, e comecei a sentir um pouco de falta de ar. Então, levantei-me da cama, aproximei-me à janela, e pela fresta entre as tábuas comecei a respirar o ar fresco. Mas, ao mesmo tempo, reparei do outro lado da rua, perto de uma árvore um soldado com capacete e com a carabina na mão. Senti que alguma coisa está se passando, alguma coisa iria acontecer porque eu nunca ouvi alguém contar sobre um cerco do gueto, e este militar era da SS. Eu vi a insígnia na lapela dele. De longe, ainda era de noite, eu ouvi os passos de uma mulher. Aí, o soldado se escondeu atrás da árvore, e quando a mulher se aproximou ele deu um pulo para frente, gritando a ordem: "Halt!" (Pare!), e exigiu os documentos. A mulher era católica e foi embora livremente.

Então não adormeci mais. Acordei todos neste quartinho pequeno e úmido, e ordenei para que na primeira hora do dia, quando abrissem o portão para poder passar do nosso gueto B para o gueto A, sairmos todos juntos com a criança porque senti que alguma coisa estava no ar para acontecer. Pontualmente, às sete horas da manhã, passamos para o gueto A e lá, como sempre, dirigimo-nos cada um para o seu grupo de trabalho. No lado A, já havia muitos soldados – e já havia também muita gente – que mandavam todos formar as longas filas de quatro em quatro pessoas, e às oito horas saímos do gueto, cada grupo dirigindo-se para o seu lugar de trabalho na cidade. No portão, havia muitos soldados da SS e alguns oficiais, e entre eles o *Hauptsturmführer* (correspondente ao posto de capitão do exército regular) Amon Goeth, o futuro comandante do campo de concentração em Plaszów, uma localidade perto de Cracóvia.

Na volta, no fim do dia, soubemos o que aconteceu. Às oito horas da manhã, foi fechado o portão do gueto B – o nosso – e começou a liquidação. Quem ficou lá depois das oito foi fuzilado. Não sobrou alma viva por lá, e assim o gueto ficou menor. Nós também tivemos uma perda trágica: o filho da minha irmã, o pequeno André Stefan Wachtel, cinco anos de idade. Os alemães não deixaram a minha irmã sair com a criança, nem ficar com ela no gueto. Um "O.D.", conhecido meu, me contou que as crianças foram levadas para o gueto B. Na volta, o Judenrat providenciou para nós um novo lugar para morar e a vida entrou em rotina, e alguns meses mais tarde fomos transferidos para o campo de trabalho Plaszów. (Edward Heuberger)

Você viu no filme de Spielberg muitas atrocidades, mas a nossa realidade cotidiana era esta. A morte rondava a nós todos; porém eu nunca pensei que eu poderia morrer também. Ao contrário – não sei por que – senti que eu iria sobreviver... (Edward Heuberger)

Mesmo assim, com todas essas perseguições, nós tínhamos uma fé inquebrantável de que iríamos sobreviver. Sabíamos que iríamos sobreviver e acreditávamos que a guerra acabaria com a derrota da Alemanha. (Aleksander H. Laks)

Embora eles quisessem nos exterminar, nós estávamos sempre na luta para sobreviver. Sempre queríamos sobreviver e tínhamos certeza de que iríamos conseguir. Por quê? Não sei até hoje, mas era a nossa esperança... (Aleksander H. Laks)

Auschwitz é algo indescritível. Nem Dante, nem ninguém consegue imaginar tanto mal. Às vezes, eu mesmo penso "será que eu sobrevivi a tudo isso?". É inacreditável. Se eu passasse por isso novamente, hoje em dia, tenho certeza que não sobreviveria. Mas na época, não sei bem por que, cada um de nós tinha uma vontade de viver. Creio que aqui está o segredo do porquê consegui sobreviver a tudo isso. (Aleksander H. Laks)

[...] quando nós fomos à delegacia de polícia tirar os passaportes na nossa cidade natal, Offenbach am Main, eu e meu irmão acompanhamos meu pai. Eu devia ter oito ou nove anos e meu irmão dezesseis. Na delegacia, o responsável era um conhecido do meu pai e, ao sairmos para a rua, já com a documentação pronta, o meu irmão lembrou ao meu pai, que os passaportes deveriam conter uma característica por sermos judeus e sugeriu que voltássemos à delegacia. Por mera intuição, eu disse o contrário: "Não, não vamos voltar. Vamos deixar o documento como está." E nesse momento, meu pai ficou bastante confuso e dividido entre as duas opiniões. O resultado foi que meu pai de fato voltou à delegacia. Talvez pela amizade que havia entre o meu pai e o responsável, este mandou meu pai sair imediatamente, ignorando, para nosso benefício, o fato de que ele deveria preencher um dado, e que ele não estava preenchendo para fazer um favor ao meu pai. Não sei se nós, em termos de saída da Alemanha, teríamos tido, ou não, algum tipo de dificuldade, ou impossibilidade, caso houvesse o preenchimento não colocado. (Kurt Homburger)

No fim de outubro de 1943, fui acordado de madrugada por um dos membros da *Ordnungsdienst* do campo para que eu o acompanhasse. Ele era um conhecido meu da nossa cidade. Fui levado para um terreno cercado com grades onde já estavam centenas de companheiros, todos tristes e preocupados com seu destino. Durante o dia seguinte, os boatos não cessavam dizendo que nós seríamos fuzilados. Cercado pelos *Ordnungsdienst*, descobri uma brecha e consegui fugir de lá. Corri ao primeiro barracão e me escondi em baixo das camas, ficando lá até o anoitecer. O que aconteceu com os outros companheiros, para onde haviam sido transportados, ninguém sabia dizer. Voltei ao meu barracão, e vi que faltavam muitos conhecidos. Até hoje não entendo como consegui enxergar essa brecha na cerca e consegui fugir. Quais foram as forças do meu interior que atuaram dentro de mim para que eu escapasse novamente da morte? (Lejbus Brener)

Em outros casos, a iminência da morte era tal que alguns não esperavam sobreviver.

A gente não esperava sobreviver. A gente via a morte todo o tempo. Os nazistas foram tão ruins que ninguém podia imaginar que o ser humano pode ser tão ruim assim. Eles não falavam. Eles gritavam, sempre batendo, dando pauladas, sem sentimento nenhum. (Chaim Najman)

Sofia – A senhora acreditava que sobreviveria?
Roza – Não. Houve uma ocasião em que minha irmã sugeriu que tomássemos veneno, para acabar com aquela vida...
Sofia – Muitas pessoas cometeram suicídio?
Roza – Sim. Muitas cortaram as veias. (Roza Rudnic)

A sobrevivência frente ao genocídio deu-se em função da integração de vários fatores. Alguns deles transcendem o nosso entendimento. Cada um dos entrevistados apreendeu a sua própria sobrevivência em função das suas vivências e de seu modo de pensar essas vivências e a si próprio. Assim, cada comportamento nessa situação onde seriam as vítimas daquele genocídio hoje pode ser repensado em seu significado para a sobrevivência, embora naquele momento vivido às vezes não parecesse mais do que um gesto sutil e casual. Neste sentido, hoje podemos entender as reações dessas pessoas.

A REAÇÃO AO HOLOCAUSTO

Apesar de todas essas degradações, os judeus reagiam aos seus algozes, fosse enfrentando frontalmente, ou, especialmente, mantendo-se vivos, posto que, com isso, frustravam o plano genocida nazista.

Um dia, chega um *Volksdeutsche* à paisana. *Volksdeutsche* eram poloneses descendentes de alemães que vieram das fronteiras entre a Alemanha e a Polônia e ocuparam diversos estabelecimentos judaicos, fábricas, lojas, tudo ficou nas mãos deles. E esse *Volksdeutsche* olhou para mim e disse: "Você, vá lá limpar a latrina que está suja." Eu respondi: "Eu não vou lá porque não fui eu que sujei." E ele ficou me olhando assim como se pensasse se eu poderia ter falado uma coisa dessas, pois eu disse que não ia e não fui. Aí, ele quis me agredir. Quando ele quis me agredir, eu lhe dei um soco e ele virou do outro lado da mesa; eu dei outro soco e me mandei. Fugi, pulei o muro, tirei minha braçadeira com a estrela de David, fui para a rua e sumi por três dias.

Depois eu voltei para o gueto. Quando eu cheguei lá, todo mundo me olhou espantado e disse: "Você está vivo? Disseram que você tinha morrido! O que houve com você?". Eu disse que eu não iria aceitar o que aquele *Volksdeutsche* queria que eu fizesse. (Leon Herzog)

Na maioria das vezes, as reações de enfrentamento significavam a morte certa do indivíduo. Mortes que, pela tendência generalizante de como olhar o judeu durante o holocausto, muitas vezes acabam por não ser reconhecidas em suas peculiaridades.

Um dia, meu colega e eu pegamos um ônibus. Eu paguei, passei na roleta; ele pagou mas não passou. Eu desci e, no dia seguinte, ele foi encontrado pendurado num gancho do abatedouro. Mataram-no porque ele passou uma nota de dinheiro onde estava escrito "Abaixo os Alemães". Prenderam-no e foi assim que ele morreu. Este incidente aconteceu em 1943. (Simone G. Soares)

Aconteceu também, e todos nós presenciamos, um heroísmo sem par de um rapaz que era até meu conhecido, pois que trabalhava comigo no quartel. Uma noite, ao voltar do trabalho, lá no gueto, foi abordado por um Gestapo que passou na rua. Nós não tínhamos o direito de sair de casa após as 18 horas e ele estava passeando com sua namorada. Como ele era um rapaz muito forte, ele deu uma tremenda surra no soldado da Gestapo e jogou-o dentro de um poço, poço artesiano, que ainda tinha em diversos lugares do gueto.

[...]

Aí, por volta do meio-dia, já se sabia que cem judeus dos mais representativos haviam sido presos para garantir a apresentação dos culpados. Esse dois moços levaram dois dias para se apresentar. E todo o gueto conviveu com eles extraoficialmente. E nós mesmos discutíamos entre nós se eles deveriam se apresentar ou não, já que, com a apresentação deles esperava-se o pior, ou seja, eles iriam morrer.

No segundo dia, não era mais necessário procurá-los. Eles se apresentaram e disseram: "Estamos aqui, vivos." E logo foi determinada uma hora para que todos se apresentassem na praça e eles estavam amarrados junto a duas forcas para eles preparadas. O mais eletrizante foi que todo o gueto estava naquela praça de apresentação que ficava na rua Targovice. E o Creps, antes de morrer, quando botaram o laço sobre o seu pescoço só pedia: "Contem para os outros o que fizeram conosco!" (Abraham Warth)

O falseamento das informações acerca do destino dos judeus fora do gueto fazia com que os judeus até preferissem ficar escondidos no gueto, a se deixar levar para um lugar desconhecido. O mal com o qual se convive parece ser menos assustador do que a incógnita do desconhecido.

Sofia – Nessa época, em 1944, vocês já sabiam da existência de campos de extermínio?
Chaim – Não, a gente não sabia. Se nós soubéssemos, nós não iríamos. Nós morreríamos no gueto de Lodz, não iríamos para Auschwitz. (Chaim Najman)

Sofia – Como no gueto de Ostrowiec já se sabia da existência de campos de concentração, houve alguma tentativa de levante, revolta ou alguma organização do gênero dentro do gueto?
Leon – No nosso gueto isso era impossível porque a tática dos alemães era a seguinte: retirar tudo dos judeus; enfraquecê-los de tal maneira que nem moralmente, nem economicamente, nem fisicamente eles pudessem fazer alguma coisa. Assim eles fizeram desde o início da guerra, era a tática deles. No levante do gueto de Varsóvia foi um pouco diferente porque o gueto de Varsóvia era muito grande. O nosso gueto era pequeno e não adiantava fazer um levante porque ao primeiro tiro nós morríamos na hora e depois acabavam com tudo.
As pessoas sabiam que estavam sendo levadas para algum campo de concentração, mas não sabiam exatamente o que acontecia lá, nem imaginavam que houvessem campos de extermínio. (Leon Herzog)

Se considerarmos a condição de angústia nos moldes de Kierkegaard, temos que os judeus, durante o período nazista, viviam em permanente ansiedade existencial, o que por si só já contribuía para minar suas forças. Havia as tentativas de fuga dos judeus nas cidades, antes do confinamento dos guetos, mas que, por não encontrarem refúgio em nenhum outro lugar, acabavam por voltar à cidade, iniciando a peregrinação em guetos, campos de trabalho e de extermínio.

Fui falar com o sr. Szaya, e disse: "Vamos fugir agora, amanhã será tarde". Entrei em casa para me despedir da minha mãe que estava sentada na sala com seu terceiro filho no colo, pálida, triste, amargurada e desesperada, e disse-lhe: "Mãe, vou fugir com o sr. Szaya." Beijei-a na face, abracei-a e apertei-a no meu peito, bem como o meu irmãozinho Szlomo, de três anos, que estava triste e quieto no colo da mãe. (Lejbus Brener)

Sofia – Por que o senhor resolveu fugir, e como conseguiu abandonar a sua família de origem?
Lejbus – O instinto de vida, o instinto de sair do local onde sentia que havia perigo de vida. Foi meu instinto de vida! Eu não posso explicar ou dizer por quê. Deve ser o instinto de vida que todo ser humano tem. Então, eu sentia no ar que alguma coisa estava por acontecer, e fugi.
Sofia – Emocionalmente, como foi largar a família?
Lejbus – Numa quarta-feira de manhã, quando falei com meu vizinho que iríamos fugir da cidade, entrei em casa e encontrei minha mãe sentada e me despedi dela.
Sofia – O senhor esperava reencontrar a sua família?
Lejbus – Não pensei em nada do que poderia acontecer depois. Na hora, só pensei em fugir. O ser humano é muito complexo. É inacreditável a sua atitude em circunstâncias de risco de vida. Então, não há perguntas nem explicações para se eu pensava ou não em encontrar a minha família. Eu iria fugir naquele momento. O que aconteceria depois, eu não sabia. Não sabia nem o que iria acontecer comigo!
Sofia – Sua mãe tentou impedir sua fuga?
Lejbus – Não. A minha mãe estava sentada com o seu filho de três anos no colo. Eu disse: "Mãe, eu vou fugir com Szaya Chevinsky." Ela nem me respondeu nada. Estava quieta, pálida, desesperada, sem vida. Meu irmãozinho, ruivo, sem se mexer. Abracei-a e beijei-a e fui embora e nunca mais a vi. (Lejbus Brener)

Nos guetos:

Sofia – Havia tentativa de fuga do gueto?
Roza – Sim. Meu cunhado e minha irmã tentaram, mas só o meu cunhado – Motek – conseguiu. Até hoje não sabemos dele, se foi pego ou não, e minha irmã voltou para o gueto. (Roza Rudnic)

Houve um boato que dali a dois dias haveria uma nova onda de pegar as pessoas para colocá-las nos trens. Então, eu e uma amiga minha – que hoje vive em Israel, Maria Rembichewska – resolvemos sair do gueto como poloneses, com os documentos falsos de poloneses que nós tínhamos, e ir de trem até Zakopane. Zakopane era uma cidade de esportes de inverno – e era inverno, estávamos em dezembro de 1942. (Leon Herzog)

Depois desse acontecimento, nós já não sabíamos o que fazer. Permanecer lá era impossível. Levamos nossos pertences e fomos embora. Fomos até a estação e paramos em outra pequena cidade, onde ficamos num hotel. Mas depois resolvemos voltar para o gueto porque não tínhamos mais para onde ir! Era inverno e de noite, no Natal, pegamos um trem de volta para Ostrowiec.
[...]
Chegamos em Ostrowiec de madrugada e fomos para o gueto. Tudo isso era arriscadíssimo. Quando chegamos no gueto, as pessoas estranharam, pois não sabiam o que havia acontecido conosco, e contaram que levaram metade das pessoas dali para os trens de morte. (Leon Herzog)

Tendo sido frustrado nessa primeira tentativa de sair do gueto, Leon Herzog ainda luta pela sua sobrevivência, passando-se por não judeu, apesar de todos os perigos, sob o medo permanente de ser denunciado.

Durante todo esse tempo, o nosso pequeno grupo sionista se empenhou em fazer contatos com as repartições de trabalho – o chamado *Arbeitsamt* que existia em todas as cidades – para que alguns de nós fôssemos para a Alemanha como trabalhadores poloneses.
[...]
Nós conseguimos subornar um funcionário da repartição que deu para mim e para um rapaz louro que estava comigo, e depois para um pequeno grupo de moças, papeis para que nos apresentássemos para ir à Alemanha, como se fôssemos voluntários. (Leon Herzog)

Assim começou a vida do não judeu Jan Grabowski na Alemanha, que possibilitou a sobrevivência de seu criador, Leon Herzog.

Durante os transportes para os campos, as tentativas de fuga eram frustradas:

Sofia – Haviam tentativas de fuga?
Roza – Na hora em que os alemães abriam as portas para ver se estava tudo bem, as pessoas começavam a fugir, e aí começava o tiroteio. Muitos foram liquidados, e só alguns conseguiram fugir. (Roza Rudnic)

A fuga de um judeu nos campos de concentração implicava no castigo de outros tantos judeus. E o castigo nos campos era a morte. Isso levava a um repensar moral da possibilidade de fugir.

O castigo no campo era a morte. Eles matavam. Não tinha castigo. Se alguém fizesse algo errado, era morto. (Chaim Najman)

Durante o período de vida no gueto e em seguida em Plaszów, não era difícil fugir, mas para isso era necessário ter preparados falsos papeis arianos, o que não era fácil conseguir, e viver sob o falso nome – mas onde, para não ser denunciado pelos poloneses? A entrega de um judeu para a Gestapo (Polícia Secreta do Estado) significava sua tortura e sua morte. A fuga do campo de Plaszów tinha também seu lado moral. A gente tinha a família que, descoberta a fuga, poderia sofrer duras sanções, o que pesaria na consciência. Então, pelo menos eu não pensava em fugir. E, quando o nosso campo de trabalhos forçados foi transformado em campo de concentração, a fuga não era mais possível. Isto aconteceu na primavera de 1943. (Edward Heuberger)

As reações continuavam também nos campos de concentração.

A cada dia, cada uma esperava a sua vez de ser levada para lá. Quando havia seleção para o trabalho a gente se escondia, procurando não ficar entre os magros e, com alguma sorte, éramos aproveitadas para o trabalho. Mas, infelizmente, muitas das que estavam conosco não tiveram a mesma sorte. (Maria Yefremov)

Uma vez, de noite, eu disse a mim mesmo: "Ou vou morrer, ou vou sobreviver." E, de noite, saí do bloco. Era dezembro, um frio danado, e pensei: "Vou roubar comida." Saí do bloco e fui até a cozinha. Do lado de fora da cozinha havia latas de lixo com cascas de batata. Eu enchi um papel com cascas de batata, escondi para ninguém ver, e voltei ao meu bloco. Eu tinha uma marmita que era dada a cada prisioneiro do campo de trabalho para ser usada na hora do almoço, e coloquei dentro dela as cascas de batata que peguei; fechei bem para ninguém ver o que havia dentro. No dia seguinte, fomos para o lugar de trabalho, onde havia fogueirinhas que os nazistas, que tomavam conta da gente, faziam para se esquentarem. Quando esquentei a marmita e comecei a comer, um dos guardas reparou, chegou perto de mim e perguntou: "O que é isso?". Respondi: "É comida! Estou com fome!". Mas, já tinha acabado de comer. Quando voltamos para os blocos, ele me delatou. O caso das cascas de batata era o seguinte: os nazistas estavam com medo de doenças. Eles temiam que as cascas de batata pudessem transmitir tifo. Por isso, o quanto eu apanhei naquele dia, eu nunca vou esquecer. Apanhei com bengala, apanhei muito, mas, pelo menos, enchi a barriga e fiquei satisfeito. (Chaim Najman)

As tentativas de sobrevivência de Abraham Warth, quando de sua passagem por vários campos de concentração e extermínio, seguiam a premissa de comportamento de não se fazer notar.

Então, eu tomei uma das providências a que tive direito: os que se escondem, não estão presentes. Aqueles que não estão de modo algum se apresentando, que não têm 1,95 m para ser dos mais altos, que não têm 120 quilos – pois, se tiver significa que há mais alguém com ele e este sim, se acha facilmente. Mas, quando você procura sempre se misturar com a maioria, e não se fazer visto, presente, você tem muito mais possibilidades de se salvar do que qualquer outro companheiro. Você não precisa ser pequenininho e se esconder atrás das pernas de alguém porque, no fim, irão te procurar e te achar. Mas, se você está simplesmente parado, sem fazer nenhuma pose especial, você fica esquecido, você é só um rosto e nada mais que um rosto. (Abraham Warth)

Voltando à questão instigadora do nosso livro, com a palavra os sobreviventes...

Quando se pergunta por que nós não reagimos, a resposta normalmente é uma pergunta: com quem? Reagir dentro das circunstâncias em que vivíamos, demandaria organização, que nós não tínhamos, para podermos matar o inimigo – mesmo sem armas, pois com inteligência também se mata. Seis milhões reagiram, cada um a seu modo. Um judeu dentro do gueto, para fazer alguma coisa, tinha que publicar em nossa língua. Nós não tínhamos nenhum jornal na cidade desde que os alemães entraram, porque os judeus foram proibidos de escrever. Antes, nós fazíamos o nosso jornal, para nós judeus, e ficamos sem ele. Nós tínhamos só conhecimento de opinião pública entre nós judeus. *Não havia oportunidade de lutar.* (Abraham Warth)

Nas perseguições de partidos políticos, nas perseguições de comunistas, nas perseguições a políticos, nas perseguições às pessoas contrárias ao governo, nas histórias passadas das perseguições àqueles que não eram cristãos, havia uma saída para a pessoa se converter; havia uma saída para a pessoa colaborar com o governo em questão; havia uma saída para a pessoa aderir; havia uma saída para a pessoa se defender dizendo "eu não sou contra o governo"; havia um jeito de demonstrar que a pessoa podia se converter.

Mas, nesse avanço do fascismo, nessa guerra suja do fascismo, aqueles governantes eram a Lei, eram a Constituição, não havia nenhum retorno. Nós judeus, especialmente, éramos declarados inimigos número um, sem termos disparado um tiro sequer contra o inimigo. Nós judeus éramos condenados à morte, à aniquilação para a "Solução Final" sem termos o direito sequer, como os maiores criminosos de guerra, de comparecer perante um tribunal e ser condenado. Nós fomos aniquilados, destruídos, por vontade de um grupo de fascistas que achavam que iriam fazer a "Solução Final" dos judeus.

Já imaginaram que, um simples soldado chega para lhe bater ou lhe matar, e você vai falar com os superiores e o superior mata aquele que reclama? Já imaginaram como, de repente, a gente acorda e vê uma realidade que até hoje nem as pessoas que viveram naquela época, nem a juventude de hoje – que não é mais juventude, pois já se passaram 41 (51, em 1996 – N.A.) anos desde que a guerra terminou, não pode imaginar como isso pode acontecer num mundo civilizado. Mas aconteceu e eu vou contar tudo. (Abraham Warth)

Como poderia um ser humano sobreviver em face de tanta degradação?

Enfrentando todas as situações adversas com a única arma que lhe restava nesta luta desigual: a manutenção de sua própria vida.

Naquele tempo eu não pensava direito. Não pensava como uma pessoa deve pensar, só pensava em sobreviver ao próximo minuto. Isso era a nossa luta. A luta era a mais titânica, pois se eu tivesse uma metralhadora para me defender, seria algo sublime. Mas a minha luta era só para sobreviver.

Tivemos sorte de passar pelo carrasco da seleção. *Nosso pensamento era sempre o de não sermos levados para o crematório. A preocupação em sobreviver era tanta que nem se pensava se iríamos morrer, nem como iríamos morrer. A luta pela vida era o mais importante, e até hoje é. Nós ganhamos! Apesar da "Solução Final", apesar das poucas calorias em seis anos no gueto e nos campos de extermínio.* Nós ganhávamos duzentas calorias por dia. Para um ser humano sobreviver, são necessárias 2400 calorias. Os alemães ganhavam 2400 calorias; os poloneses não judeus ganhavam 1200 calorias, mas tinham outros recursos e compravam comida fora. Nós, os judeus, não tínhamos outros meios. Nós só recebíamos duzentas calorias diárias. É cientificamente comprovado que, com essa ração, uma pessoa consegue sobreviver de seis a oito meses. Eu sobrevivi seis anos! É algo incompreensível! Só eventualmente eu pegava mais uma sopa, ou uma casca de batata. Esses eram os complementos que ajudaram a mim e a outras pessoas a sobreviver durante seis anos. Milagres acontecem. (Aleksander H. Laks)

Diante de todas essas condições, talvez pudéssemos agora reformular o comentário que se faz dos judeus: "Como os judeus conseguiram sobreviver ao Holocausto em condições tão inversas e adversas?"

O conteúdo da nossa resposta não esgota a questão. Antes, a resposta elucida uma prática de entendimento com base na compreensão dinâmica dos aspectos em questão, passíveis de ser percebidos de diferentes maneiras, e mesmo até de serem acrescidos de outras variáveis por nós aqui não destacadas.

O maior ensinamento da redução é a impossibilidade duma relação completa. Eis porque Husserl sempre se interroga novamente sobre a possibilidade da redução. Se fôssemos o espírito absoluto, a redução não seria problemática. Mas já que, pelo contrário, estamos no mundo, já que mesmo nossas reflexões têm lugar no fluxo temporal que procuram captar (uma vez que sich einströmen, como diz Husserl), não há pensamento que envolva todo nosso pensamento.[16]

Com isso, os aspectos enumerados, que acredito terem tido maior influência no processo de alijamento sentido pelas vítimas, foram assim percebidos por mim, ou seja, compõem a minha verdade existencial que, por sua vez, também está sujeita às condições fenomenológicas, psicológicas e históricas atuais, passíveis de sofrerem alterações ao longo de outras vivências, e, em especial, a partir de outras reflexões não apenas consigo mesma, mas com outras pessoas, que impregnam suas verdades existenciais a partir de outras percepções acerca dessa situação.

Através desses aspectos, objetivo evidenciar as condições psicológicas às quais ficaram sujeitos esses indivíduos em função das condições sociais, econômicas e políticas que lhe foram impostas, e que são mais especificamente estudadas por ciências correlatas como a história, a sociologia, as ciências políticas, entre outras. No entanto, a nossa contribuição acerca do holocausto recai sobre a apreensão psicológica do ser humano que viveu e sobreviveu a essas condições, e que não pode ser deixada de lado quando do estudo desse período histórico, se objetivarmos uma compreensão circunstanciada dessa situação.

---

16 M. Merleau-Ponty, *Fenomenologia da Percepção*, p. 12.

Reflexões Presentes e Futuras

No presente livro, procurei estabelecer a diferença entre uma síntese distanciada e fria e uma análise compreensivista e circunstanciada. Um mesmo fato histórico, uma mesma situação social, podem ser vistos com base nessas duas vertentes opostas. As situações sociais pensadas a partir de premissas existenciais ganham um prisma de aproximação que a síntese e os dados quantitativos anulam, o que impede o engajamento necessário por parte dos indivíduos, fundamental para uma participação social efetiva, com vias à formação de uma sociedade mais justa.

Para demonstrar essa diferença, lancei mão dos pressupostos teóricos da filosofia e da psicologia existencial, tomando como ponto de partida o olhar para nós mesmos para, num segundo momento, olharmos para o outro. Uma vez que o indivíduo se conheça e se apreenda nesse autorreconhecimento, torna-se capaz de conhecer e reconhecer também o outro em suas relações, de uma maneira mais compreensiva e próxima da realidade, sua, do outro e da relação propriamente dita. Tal seria a prática do dialogismo buberiano, exercida a partir da possibilidade de tomada de consciência dos processos de autoconhecimento, inerente ao homem pelas suas condições metacognitivas, passíveis de ser incrementados no contato com o outro. Esse mesmo processo de conhecimento e reconhecimento de si, realizado apenas pelo indivíduo consigo mesmo, esbarra em limitações inerentes ao próprio caráter infinito do metaprocesso, podendo levar o indivíduo a um cansaço da própria atividade até por não mais acompanhar a continuidade de raciocínio. Com isso, vemos o quanto o contato com o outro é uma necessidade básica do homem. A aplicação dessa faculdade cognitiva sobre conteúdos vivenciais e sociais também é melhor e mais estimulante se realizada na troca com o outro, para elaborar e até compartilhar pontos de vista. Apesar das limitações inerentes ao presente estudo, qual seja, um contato indireto com o leitor, e do leitor com os entrevistados, ainda assim objetivamos proporcionar uma aplicação prática dessa faculdade de reflexão crítica sobre um conteúdo social, tendo como elemento comum a noção de vivência diltheana, plena de significações de cada indivíduo[1]. A apreensão dos relatos dos entrevistados teve como pressuposto teórico das nossas reflexões a vivência propriamente dita da autora, do leitor e da situação vivida pelos sobreviventes, bem como a possibilidade de apreensão dessas vivências, sem delimitarmos o conteúdo das reflexões a serem efetuadas pelo leitor: essas, como as nossas, são infinitas e não se esgotam aqui.

A resposta a uma questão tida como estigmatizante teve por principal objetivo evidenciar um mecanismo psicológico que alicerça o repensar crítico, de forma relativa e circunstanciada, acerca das situações sociais e da própria condição humana. É o processo de pensamento que está em jogo, antes dos conteúdos propriamente ditos da resposta, uma vez que cada sobrevivente tem a sua resposta de acordo com a sua vivência pessoal. Assim, a resposta espelha a leitura fenomenológica e, em especial, o exercício cognitivo na organização das condições de cada situação a ser pensada, bem como a apercepção da maneira como nós as organizamos.

Questiona-se o porquê da não reação dos judeus, das vítimas. Ora, voltemos no tempo e no espaço e imaginemos a nós mesmos, ainda reunidos com alguns membros de nossas famílias, enxotados para fora do vagão de carga do trem que nos

1 Cf. J. Habermas, Conhecimento e Interesse, *Gesammelte Schriften (Obras Completas)*, v.5.

levou por alguns dias e noites, sem sabermos para onde, sem acomodações, sem banheiros, sem comida nem água, e quando ainda saíamos com vida deste vagão, sob chibatadas e gritos de comando, cercados de opressores fortemente armados, em meio a uma área rural com apenas o próprio campo de prisioneiros à nossa frente, víamo-nos sendo separados de acordo com sexo e idade, e nossa família sendo desmembrada. Perguntávamos aflitos: "Mas, e minha mulher? E meus filhos? E meu pai?" Recebíamos como resposta: "Eles ficarão bem." E víamos que aqueles de nós que tentavam não se separar de seus entes queridos, muitas vezes eram fuzilados ali, na mesma hora. O que faríamos nós?

Nesse nosso repensar da situação vivida pelos judeus durante o Holocausto, evidenciamos, através da aproximação do ponto de vista do outro, que quanto maior o grau de engajamento do indivíduo para com a situação em questão, mais persistente será o exercício compreensivista – não caindo em parcialidades, mas, sim, de posse dos dados, podendo realizar uma análise crítica da situação em questão. Visando ampliar essa possibilidade de engajamento, lançamos mão da condição comum a todos os seres: a necessidade de viver pelo simples direito de existir em suas plenas capacidades e potencialidades. Com isso, torna-se mais fácil o exercício compreensivista de aproximação, sentindo e pensando com o outro.

A situação de guerra é em si um aviltamento para a humanidade por colocar o medo em primeiro plano e a vida em segundo: numa relação de vida ou morte, tudo se justifica em nome da guerra. Ainda que sejam a materialização exacerbada dos aspectos destrutivos da personalidade, as consequências da guerra extrapolam quaisquer limites previsíveis. Entre essas extrapolações, temos a própria justificativa de que os aviltamentos sociais ocorridos durante uma situação bélica são tidos como pertinentes à situação!

Ao nos depararmos com o cotidiano de guerra, vemos que os parâmetros de entendimento da condição humana convergem para o destrutivo. Ainda assim, dentre esses aviltamentos, o genocídio apresenta-se como um ato excepcional, devido à luta desigual em que forças armadas matam uma população civil sem capacidade de reação bélica.

Dentro da Polônia, nos primeiros dias de guerra, antes ainda da instalação do fascismo, regia solta a toda poderosa morte. Nós víamos que em qualquer lugar poderia, de repente, explodir, fosse através de bombas, de tiros perdidos passíveis de atingirem uma pessoa que abrisse a janela e olhasse para fora. A guerra é o reino da morte. E como evitá-la? Para isso, não existe ciência nem lógica. Para isso, se usa muito mais o instinto do que qualquer outra coisa. É natural que uma das regras de como evitar a morte seja a de não nadar contra a maré. Isto se aprende instintivamente a cada minuto, a cada hora e em cada circunstância que se apresenta. Ninguém pode dizer, se vangloriando, que sobreviveu a uma guerra simples e não uma guerra que aconteceu depois, pura e simplesmente contra os judeus. Isso é outro papo; mas guerra é sinônimo de morte. A morte reina em todos os cantos e por menos que esperemos ela nos atinge, sem nos dar o mínimo aviso. (Abraham Warth)

Com base na imprevisibilidade dos limites de destrutividade em situações totalitaristas e bélicas, tal como ocorrido com o nazismo e durante a Segunda Guerra Mundial, cabe um alerta para os dias atuais. Ainda existem grupos que insistem em afirmar que o Holocausto foi uma invenção dos judeus. Aqui no Brasil, no Rio Grande do Sul, a editora Revisão publicou livros buscando provar essa afirmação[2]. Um dos fatores pelos quais algumas pessoas se rendem a tal raciocínio é a dificuldade de pensar que o ser humano possa chegar a tais requintes de maldade como aqueles descritos por historiadores, pesquisadores, sobreviventes judeus e não judeus, testemunhas daqueles acontecimentos. Essa mesma indignação fazia com que tanto os países fora do Terceiro Reich, os cidadãos dos territórios ocupados, como até os próprios judeus, não acreditassem que aquilo pudesse ser verdade. E é baseada nessa lógica elementar que alguns ainda hoje persistem em querer reescrever algumas páginas da história da humanidade à custa da morte da dignidade de pensamento e capacidade de reflexão do homem.

Este livro propõe-se a ser um instrumento contra a manipulação de informações. Para aqueles que insistem em afirmar que o Holocausto não existiu, perguntaríamos: como explicar, então, que as narrativas de pessoas de diferentes origens da Europa, e

---

2   A venda dos livros foi proibida no Brasil, e o editor Siegfried Ellwanger foi condenado em várias instâncias da Justiça, a última delas em 2003, por crime de racismo, pelo Supremo Tribunal Federal.

que nunca haviam se contatado, convirjam para fatos e condições análogas? A mentira, antes de ser dita, precisaria ser combinada.

É através da educação que encontraremos os meios para a transmissão de um repensar crítico social a ser exercido a partir de cada indivíduo, quer sobre fatos históricos, quer sobre suas vivências cotidianas. Foi com a intenção de educar que realizei as análises da presente obra, buscando aproximar história e vida, de modo a promover uma reflexão sobre a condição humana e sobre as potencialidades de cada ser humano no exercício de conviver com o outro, utilizando-se da apercepção crítica de suas relações no mundo.

Com essa mesma preocupação, alguns de nossos entrevistados realizam um trabalho de esclarecimento, em especial junto aos adolescentes, acerca do que foi o nazifascismo, o Holocausto, a guerra, com vias a uma conscientização crítico--social de base, bem entendida por todos, por ser fundamentada em vivências.

Durante o período nazista, entre as pessoas próximas do cotidiano, ainda havia não judeus que ajudavam os judeus com os quais, pouco tempo atrás, conviviam em clima de amizade. Nessas atitudes, percebe-se que o contato e reconhecimento de cada ser humano um pelo outro pode servir de base contra políticas totalitárias.

> Portanto, os dois episódios, tanto o do passaporte, quanto o do chantagista, evidenciam de algum modo que, nessa época em que os judeus estavam sob forte ameaça, ainda havia alemães, não judeus, capazes de prestar auxílio, colocando-se, inclusive, numa posição perigosa, já que eles poderiam ser acusados de proteger judeus. (Kurt Homburger)

Não eram só os judeus que se indignavam com a possibilidade de que existir poderia ser um crime. Presumindo-se que muitos civis alemães não sabiam dos requintes do Holocausto, a falta de parâmetro para o entendimento dos critérios dos campos de concentração chocava também os alemães pela degradação humana espelhada naquela situação.

> O mestre de obras era um civil alemão que um dia me disse: "Este campo eu não estou fazendo para vocês, estou fazendo para mim." Ele

sabia que a guerra já estava perdida para eles. Nesta ocasião, ele me perguntou qual crime eu cometi para ser preso. Disse-lhe que meu único crime foi ter nascido judeu. Ele não entendeu: "Que você é judeu eu já sei. Mas qual foi o crime que você cometeu para estar aqui?". Expliquei a ele que nem eu, nem meu pai éramos criminosos. Depois de muito tempo, ele começou a se conscientizar de que, talvez, a minha versão fosse verdade. Daí em diante, de vez em quando, trazia um pedaço de pão, que deixava num lugar, fazendo de conta que esqueceu ali. (Aleksander H. Laks)

Quanto ao entendimento dos algozes, dentro das premissas existenciais, confirmamos também que, quando um indivíduo se relaciona com outro sem a pressão do estigma – de judeu, no caso –, a relação entre os seres humanos flui.

Muito surpreso, agradeci gentilmente a ele e fiquei pensando por que este homem de tão elevado grau partidário nazista, ligado à Gestapo, tomou esta atitude. Quando ele quis me presentear com os cupões, ele não podia saber que eu era judeu porque, como você já sabe, na oficina do exército nós vestíamos macacões. Então, este nazista fez um gesto humano deliberadamente para um judeu, e acima de tudo despediu-se de mim com um aperto de mão e desejando-me boa sorte. Ele também me disse o seu sobrenome "Biegel" – ou "Bigel", a pronúncia é a mesma – que eu não esqueci até hoje. Perguntou também o meu sobrenome e ficou admirado como eu podia ter um sobrenome tão puro alemão, "Heuberger". (Edward Heuberger)

Claro está que o contato deste oficial nazista com seu mundo interno existia a ponto de ele transgredir as normas de *Mitwelt*, fazendo-se valer do seu sentido interno de agradecimento frente a um homem – judeu – que lhe prestou auxílio.

Com isso, passo a enumerar algumas questões que foram levantadas no decorrer deste texto, passíveis de ser investigadas em futuros estudos:

a. O número de vítimas

Estima-se em seis milhões o número de judeus mortos pelos nazistas durante o Holocausto. Apesar de concordar com Adorno de que o simples fato de contabilizar vidas perdidas de inocentes seja abominável[3], não pude deixar de pensar, com base na des-

---

3   T.L.W. Adorno, *Educação e Emancipação*.

crição feita pelos entrevistados, em várias situações em que não necessariamente os nazistas registravam quantitativamente as mortes de suas vítimas, ficando, no máximo, a informação de que houve um fuzilamento floresta adentro, ou um afogamento em massa num rio, ou ainda um incêndio onde foram mortos tantos prisioneiros quanto foi possível colocar dentro de algum barracão. Com isso, podemos supor que o número de judeus vitimados no Holocausto seja muito superior a seis milhões.

Segundo o sr. Aleksander Henryk Laks, tal estimativa, realizada após o término da Segunda Guerra Mundial, foi feita com base nas estatísticas demográficas de cada região ou cidade europeia anteriores à guerra, comparando-as com as estatísticas realizadas após a mesma. Ora, conforme atesta o sr. Laks, em muitas localidades não sobrou nenhum judeu, tendo muitas cidades sido destruídas por completo. Como então ter certeza da atualização dos números anteriores, bem como da remanescência de possíveis ex-habitantes?

E ainda, tratando-se de exterminios em massa, as próprias deportações eram calculadas em grandes quantidades, e nem sempre os prisioneiros eram registrados ao chegar aos seus destinos. Por isso, com base nas várias descrições de mortes aleatórias, acredito que o número de vítimas do Holocausto tenha sido bem maior, como também o de outras vítimas do nazismo, a começar por membros do próprio Partido Nacional-Socialista que, no início da atuação de Hitler, manifestaram suas discordâncias políticas, e pagaram com suas vidas. Ciganos, homossexuais, comunistas, entre outros grupos, também foram maciçamente massacrados pela máquina nazista. Assim sendo, provavelmente, a Segunda Guerra Mundial fez mais vítimas do que os cinquenta milhões computados, até pela dificuldade de confirmação desses dados. Repensar tais números não é tarefa fácil, sobretudo se pensarmos no valor de cada vida. No entanto, é uma possibilidade de investigação a ser esmiuçada.

b. A atuação das outras nações

A meu ver, uma condição de guerra mundial implica uma tomada de posição política por parte de todos os países do mundo, estejam eles participando direta ou indiretamente do conflito. Esse posicionamento é tomado levando-se em consideração aspectos estratégicos, econômicos, políticos propriamente ditos, e não necessariamente priorizando o aspecto social, muito menos humanitário. No caso da Segunda Guerra Mundial, o quadro não foi diferente. O choque a que a opinião pública foi submetida quando da exibição dos documentários e registros feitos durante a guerra, muitas vezes pelos próprios nazistas, bem como durante o julgamento dos criminosos de guerra, foi causado pela magnitude da crueldade levada a cabo pelos nazistas, a qual, durante a guerra, era supostamente desconhecida.

> Em uma época em que 9 mil judeus estavam sendo exterminados *por dia*, nem a Real Força Aérea da Grã-Bretanha nem a Força Aérea Americana bombardearam os fornos ou tentaram abrir os campos[...]. Embora as resistências judaica e polonesa fizessem desesperadas súplicas, embora a burocracia alemã não fizesse segredo do fato de que a "solução final" dependia de transporte ferroviário, as linhas férreas para Belsen e Auschwitz não foram bombardeadas. Por quê? A pergunta foi feita a Churchill e a Harris. Recebeu resposta adequada? Quando a Wehrmacht e a Waffen-ss invadiram a Rússia, o serviço secreto soviético logo observou o extermínio em massa de judeus. Stálin proibiu qualquer veiculação pública do fato. Outra vez aqui as razões são obscuras.[4]

Uma vez que aos judeus era negado o direito de se armar, se comunicar, se organizar, eles necessitariam de ajuda externa, além-muros, além-guetos, além-campos, além-fronteiras. Precisariam ser reconhecidos por pessoas que não os vissem sob a mesma óptica dos nazistas. No entanto, com poucas exceções, o mundo não ofereceu a ajuda maciça, necessária, para impedir o aniquilamento de milhões de pessoas tidas como indesejáveis.

À medida que o mundo avançou tecnologicamente, utilizando o conhecimento técnico como meio, sem considerar criticamente os fins para os quais seriam utilizados, a indústria da morte construída pelos nazistas acabou por retratar essa evolução tecnológica. A história da humanidade está repleta de guerras e lutas em que civilizações inteiras foram devastadas. Se o desenvolvimento tecnológico foi utilizado como aparato

---

4   G. Steiner, *Linguagem e Silêncio*, p. 127.

técnico pelos nazistas em suas atrocidades, outros países também poderiam ter-se utilizado da tecnologia para impedir aviltamentos sociais como aqueles ocorridos durante a guerra. Porém, tal não aconteceu. Ao contrário, o desenvolvimento tecnológico ainda hoje é utilizado prioritariamente para fins destrutivos ainda que ditos em nome da paz. Por quê? As variáveis implicadas nesse quadro são passíveis de ser investigadas de maneira pormenorizada com o intuito de não cometermos injustiças no entendimento da participação das nações durante a Segunda Guerra Mundial, bem como de suas relações com a Alemanha antes do início do conflito, em 1939. Além disso, tal análise serviria de parâmetro para o repensar das políticas internacionais nos conflitos atuais.

c. A ajuda humanitária

A atuação da Cruz Vermelha durante a Segunda Guerra Mundial foi, no mínimo, controversa. As informações divergem: alguns sobreviventes relatam que os integrantes da Cruz Vermelha nada sabiam a respeito das atrocidades realizadas pelos nazistas, haja vista que mesmo nas visitas a campos de concentração – denominados por eles "campos de prisioneiros" – nada constatavam de anormal, já que, por exemplo, não os levavam às saídas dos fornos crematórios, ou aos galpões de pilhas de pertences dos mortos, além de a rotina do campo ser alterada de modo a disfarçar o que realmente era feito ali. Outras testemunhas alegam que, nas idas e vindas das ambulâncias de assistência pelas estradas, e mesmo indo até os campos, os membros da Cruz Vermelha tomavam conhecimento de barbaridades cometidas aos presos, mas nada faziam que alterasse o cotidiano nos campos.

    O que fica dessa divergência de informações é a evidência do jogo ideológico feito pelos nazistas, segundo o qual as pessoas aprendiam a ver o mundo sob a ordem determinada pelo regime em questão, mesmo que tal olhar fosse oposto à visão ética e moral humanitária, que perpassa a noção do que é – ou deveria ser – um ser humano sociável.

    Quais eram os limites de atuação da Cruz Vermelha? Seus membros sabiam das atrocidades cometidas nos guetos e campos de concentração e extermínio? Numa transposição histórica para os dias atuais, a ajuda humanitária é preponderante sobre as questões políticas e econômicas nas relações inter e intranacionais? Qual o valor da vida na atualidade?

d. O acesso aos algozes

Desde o término da Segunda Guerra Mundial, várias pesquisas têm sido efetuadas buscando o entendimento do comportamento dos simpatizantes do nazismo[5]. A dificuldade de falar sobre o referido período, bem como sobre a implicação de seus comportamentos é visível entre os participantes da maioria das pesquisas. O principal alvo foram cidadãos alemães, mas acredito que cidadãos de outros países também mereçam ser investigados, numa tentativa de traçar um mapeamento histórico-social da época.

Atualmente, muitas figuras mais ou menos eminentes têm sido questionadas profissional e socialmente em relação ao período nazista. Lyotard[6] e Kuperman[7], respectivamente, procuraram investigar os comportamentos – no mínimo controversos – de Heidegger e Habermas.

A metodologia utilizada por mim mostrou-se eficaz na obtenção de informações sobre as vítimas. Questiono como realizar uma investigação, nos presentes moldes, junto aos algozes. Primeiramente porque, decorridos mais que cinquenta anos, enquanto as vítimas se empenham para manter acesas na memória de outras gerações as atrocidades vividas, os algozes preferem não mais falar sobre isso, para não serem molestados, inquiridos. Além disso, uma vez que não existe mais a estrutura social para a qual cegamente se entregaram e sob a qual se justificaram, lhes é difícil negar a dimensão existencial e humana de seus crimes. Sua tendência seria se defrontar com a culpa, sem a perspectiva de sair dela. Com isso, preferem insistir em não falar, justificando que estavam apenas "cumprindo ordens", ou sendo vítimas de um sistema social contingente. Perguntamos:

---

5   Cf. D. Bar-on; A. Gaon, "We Suffered Too", *Journal of Humanistic Psychology*, v.31, n.4.
6   J.-F. Lyotard, *Heidegger e os Judeus*.
7   D. Kuperman, *Anti-Semitismo*.

Será que essas pessoas não têm mais nada a nos dizer? Talvez até contribuir, ainda que pareça paradoxal, para a humanidade, pelo menos dando um depoimento fiel das circunstâncias da época, visto que é por meio da verdade que se dinamizam as relações do indivíduo consigo mesmo e com o mundo ao seu redor.

O perigo de se tentar diminuir os fatos é o descompromisso com a verdade. A dificuldade de pensar e sentir aumenta quanto mais o indivíduo intenta justificar-se. Segundo Steiner, já nos primeiros anos do pós-guerra, começou-se a questionar a necessidade de revolver um passado que não teria acontecido da maneira como os jornais do mundo inteiro o veiculavam – e que por isso eram tidos como sensacionalistas[8]. Dizia-se que o número de campos de concentração e o número de mortos haviam sido bem menores; que os ss que cometiam brutalidades eram um pequeno número de desordeiros e que não representavam o glorioso exército alemão, que tão somente cumpriu o seu papel na luta contra os russos. Com isso, a verdade fica comprometida e o indivíduo continua negando a si mesmo e a sua integridade.

Assim sendo, a necessidade de revisitarmos o passado nazista é clamada, geralmente, por parte das vítimas, uma vez que os algozes tendem a esquivar-se do assunto. Porém, para as vítimas, também não é fácil voltar a falar do seu passado, tamanha a dor que tal retorno implica.

É com esse objetivo que concluímos nosso livro, um repensar crítico necessário para que o passado não se perpetue como fantasma. Numa sociedade que se proponha a pensar o homem, não pode haver lugar para o indizível, sob pena de o embrião nazifascista continuar a existir.

e. Repensando outras situações

A abordagem teórica quanto ao entendimento da dinâmica psicológica do indivíduo consigo mesmo e em sua prática social pode e deve ser aplicada em outros estudos, incidindo com um olhar crítico sobre tantos outros aviltamentos ocorridos ao longo da história da humanidade, como a escravidão do negro,

---

8   Cf. G. Steiner, op. cit.

o extermínio de povos como os astecas, e, mais recentemente, os armênios, entre outros. Dessa forma, estaremos estimulando e vivendo, em nossa própria história, a apreensão e compreensão das relações sociais de modo mais consciencioso.

Cabe ainda acrescentar que, em concordância com os preceitos da psicologia existencial, não esgotamos aqui a apreensão de todas as facetas que compõem o quadro psicológico e social das vítimas durante o holocausto. Contudo, objetivo evidenciar a ação de pensar e refletir sobre a interação dos fatores sob os quais se desenrola o cotidiano, através da qual podemos nos aperceber da possibilidade de transformação desse cotidiano, reformulando nossos pressupostos. Ainda que, na prática individual, as transformações objetivas e externas possam não se concretizar, a tomada de consciência de que cada indivíduo é capaz de reconhecer dentro de si um referencial de entendimento do mundo condizente com seus valores pessoais é, por si só, uma fonte de pensamentos criativos a serem utilizados na dinamização de suas vivências.

Além das possíveis investigações acima sugeridas, muitas outras podem e devem ocorrer a outros pesquisadores a partir do presente livro. As histórias de vida aqui registradas contêm muitas informações passíveis de ser abordadas através de outras formas de interpretação, seja na área da psicologia ou de outras ciências. Com essa continuidade, o objetivo primordial de promover reflexões se faz cumprir.

Bibliografia

ABRAHAM, Ben. *Izkor*. São Paulo: Parma, 1979.
_____. *Holocausto*. São Paulo: Sherit Hapleitá, 1987.
_____. *Diário de um Repórter*. São Paulo: Sherit Hapleitá, 1990.
ADORNO, Theodor Ludwig Wisendrung. [1971]. *Educação e Emancipação*. São Paulo: Paz e Terra, 1995.
_____. [1951]. *Minima Moralia*. São Paulo: Ática, 1992.
ADORNO, Theodor Ludwig Wisendrung; HORKHEIMER, Max. [1947]. *Dialética do Esclarecimento*. Rio de Janeiro: Jorge Zahar, 1985.
ALMEIDA, Ângela Mendes de. *A República de Weimar e a Ascensão do Nazismo*. 2. ed. São Paulo: Brasiliense, 1987.
AMATUZZI, Mauro Martins. *O Resgate da Fala Autêntica: Filosofia da Psicoterapia e da Educação*. Campinas: Papirus, 1989.
ARENDT, Hannah. *Eichmann em Jerusalém: Um Relato Sobre a Banalidade do Mal*. São Paulo: Diagrama & Texto, 1983.
BANKIER, David. *El Tercer Reich y La Cuestion Judia, v. II, Documentos*. Jerusalém: Universidad Hebrea de Jerusalen & Dor Hemshej, 1980.
BAR-ON, Dan; GAON, Amalia. "We Suffered Too": Nazi Children's Inability to Relate to the Suffering of the Victims of the Holocaust. *Journal of Humanistic Psychology*, v. 31, n. 4, 1991.
BENJAMIN, Walter. [1936]. *O Narrador*. São Paulo: Abril Cultural, 1975, Coleção Os Pensadores, v. XLVIII.
BERGSON, Henri. [1896]. *Matéria e Memória*. São Paulo: Martins Fontes, 1990.
BEYER, Hugo Otto. A Abordagem Psicossocial do Desenvolvimento Cognitivo Segundo Reuven Feuerstein: um Modelo Teórico Para o Trabalho Pedagógico com Indivíduos Portadores de Dificuldades Cognitivas. *Revista Integração*, v. 15, n. 6, 1995.

BRUNER, Jerome Seymour. *Uma Nova Teoria de Aprendizagem*. Rio de Janeiro: Bloch, 1976.
BUBER, Martin. *Eu e Tu*. São Paulo: Moraes, 1977.
_____. *Do Diálogo e do Dialógico*. São Paulo: Perspectiva, 1982.
_____. *Encontro: Fragmentos Autobiográficos*. Petrópolis: Vozes, 1991.
BURNS, Edward MacNell. *História da Civilização Ocidental*, v. II. Porto Alegre: Globo, 1964.
CAMPOS, Nilton. *O Método Fenomenológico na Psicologia*. Tese apresentada o Concurso da Cátedra de Psicologia, Faculdade Nacional de Filosofia, Rio de Janeiro, Universidade do Brasil, 1945.
COSNIER, Jacques. *Chaves da Psicologia*. Rio de Janeiro: Zahar, 1981.
DEBERT, Guita Grin. Problemas Relativos à Utilização da História de Vida e História Oral. In: DURHAM, Eunice R. et al. (orgs.). *A Aventura Antropológica: Teoria e Pesquisa*. Rio de Janeiro: Paz e Terra, 1986.
DILTHEY, Wilhelm. [1911] *Teoria das Concepções do Mundo*. Lisboa: Edições 70, 1992.
_____. *Sistema da Ética*. São Paulo: Ícone, 1994.
_____. *História da Filosofia*. São Paulo: Exposição do Livro, [s.d.].
EINSTEIN, Albert. *Como Vejo o Mundo*. São Paulo: Círculo do Livro, 1981.
FILHO, Danilo Marcondes de Souza; JAPIASSU, Hilton. *Dicionário Básico de Filosofia*. Rio de Janeiro: Jorge Zahar, 1991.
FIRMINO, Nicolau. *Dicionário Latino Português*. São Paulo: Melhoramentos, [s.d.].
FLAVELL, James. The Development of Metacommunication. XXI International Congress of Psychology, Paris, 1976. *Proceedings of the XXIst International Congress of Psychology*. Paris: PUF, 1978.
FRANK, Anne. *O Diário de Anne Frank*. Edição integral. Rio de Janeiro: Record, 1991.
FRANKL, Viktor Emil. *Un Psicólogo en el Campo de Concentración*. Buenos Aires: Plantin, 1955.
FREUD, Sigmund. *Análise do Homem*. Rio de Janeiro: Zahar, 1974.
_____. [1915]. Reflexões Para os Tempos de Guerra e Morte. *Edição Standard Brasileira das Obras Psicológicas Completas*, v. XIV, Rio de Janeiro: Imago, 1987.
_____. [1921]. Psicologia de Grupo e a Análise do Ego. *Edição Standard Brasileira das Obras Psicológicas Completas*. v. XVIII. Rio de Janeiro: Imago, 1987.
_____. [1912]. Totem e Tabu. *Edição Standard Brasileira das Obras Psicológicas Completas*. v. XIII. Rio de Janeiro: Imago, 1987
FROMM, Erich. [1941]. *O Medo à Liberdade*. Rio de Janeiro: Zahar, 1972.
_____. [1975]. *Anatomia da Destrutividade Humana*. Rio de Janeiro: Guanabara, 1987.
_____. [1967]. *O Espírito de Liberdade: Interpretação Radical do Velho Testamento e de sua Tradição*. Rio de Janeiro: Guanabara, 1988.
GAY, Peter. *A Cultura de Weimar*. Rio de Janeiro: Paz e Terra, 1978.
GOFFMAN, Erving. *Estigma: Notas Sobre a Manipulação da Identidade Deteriorada*. Rio de Janeiro: Zahar, 1980.
GREIMAS, Algirdas. Julien. [1966]. *Semântica Estrutural*. São Paulo: Cultrix, 1976.
HABERMAS, Jürgen. *Conhecimento e Interesse*. Rio de Janeiro: Guanabara, 1987.

_____. [1983]. *Consciência Moral e Agir Comunicativo*. Rio de Janeiro: Tempo, 1989.
HEIDEGGER, Martin. [1927]. *Ser e Tempo*. Petrópolis: Vozes, 1993. 2 v.
HITLER, Adolf. [1924]. *Minha Luta*. São Paulo: Moraes, 1983.
HUSSERL, Edmund. [1921]. *Investigações Lógicas: Sexta Investigação*, São Paulo: Abril Cultural, 1975. Coleção Os Pensadores. v. XLI.
_____. [1907]. *A Idéia da Fenomenologia*. Lisboa: Edições 70, 1990.
_____. *Investigaciones Logicas*. Madrid: Revista de Occidente, 1929. v.3.
JAKOBSON, Roman. *Lingüística e Comunicação*. São Paulo: Cultrix, 1974.
KANT, Immanuel. *Textos Seletos*. Petrópolis: Vozes, 1985. (Edição Bilíngue).
_____. [1785]. *Fundamentos da Metafísica dos Costumes*. Rio de Janeiro: Ediouro, 1991.
KENEALLY, Thomas. *A Lista de Schindler: Um Herói do Holocausto*. Rio de Janeiro: Record, 1994.
KOSINSKI, Jerzy. *O Pássaro Pintado*. São Paulo: Círculo do Livro, 1975.
KOSOVSKI, Ester. *Ética na Comunicação*. Rio de Janeiro: Mauad, 1995.
KRÜGER, Helmuth Ricardo. *Introdução à Psicologia Social*. São Paulo: Pedagógica e Universitária, 1986.
_____. Estrutura Psicológica do Ato Moral. *Arquivos Brasileiros de Psicologia*, v. 46, n. 3/4, jul.-dez. 1994.
KUPERMAN, Diane. *Anti-Semitismo: Novas Facetas de uma Velha Questão*. Rio de Janeiro: Pontal, 1992.
KUZNETSOV, Anatoly. [1966]. *Bábi Iar*. Rio de Janeiro: Civilização Brasileira, 1969.
LAQUEUR, Walter Ze'ev. *O Terrível Segredo: A Verdade Sobre a Manipulação de Informações na "Solução Final" de Hitler*. Rio de Janeiro: Jorge Zahar, 1981.
LE BON, G. *Psicologia das Multidões*. Rio de Janeiro: F. Briguiet, 1954.
LEVY, Sofia Débora (org.). *Sobre Viver: Oito Relatos, Antes, Durante e Depois do Holocausto por Homens e Mulheres Acolhidos no Brasil*. Rio de Janeiro: Relume Dumará, 2006.
_____. *Repensando o Ser: Uma Análise Metaprocessual dos Relatos de Sobreviventes do Holocausto*. Dissertação de Mestrado, Instituto de Psicologia da Universidade Federal do Rio de Janeiro, Rio de Janeiro, UFRJ, 1996.
LEWIN, Kurt. *Problemas de Dinâmica de Grupo*. São Paulo: Cultrix, 1970.
_____. *Teoria Dinâmica da Personalidade*. São Paulo: Cultrix, 1975.
LYOTARD, Jean-François. *Heidegger e os Judeus*. Petrópolis: Vozes, 1994.
MARCUSE, Herbert. *Materialismo Histórico e Existência*. Rio de Janeiro: Tempo Brasileiro, 1968.
MARGULIES, M. [1973]. *Gueto de Varsóvia: Crônica Milenar de Três Semanas de Luta*. Rio de Janeiro: Documentário, 1974.
MASLOW, Abraham H. *Introdução à Psicologia do Ser*. Rio de Janeiro: Eldorado, 1968.
MAY, Rollo. *O Homem à Procura de Si Mesmo*. Petrópolis: Vozes, 1971.
_____. *Psicologia Existencial*. Porto Alegre: Globo, 1974.
_____. *A Coragem de Criar*. Rio de Janeiro: Nova Fronteira, 1982.
_____. *A Descoberta do Ser*. Rio de janeiro: Rocco, 1991.
MERCADÉ, Francesc. Metodologia Cualitativa e Historias de Vida. *Revista Internacional de Sociología*. Madrid, v. 44, n. 3, set. 1986.
MERLEAU-PONTY, Maurice. [1945]. *Fenomenologia da Percepção*. Rio de Janeiro: Freitas Bastos, 1971.

MICHMAN, Dan. *El Holocausto: Un Estudio Histórico.* Ramat Aviv: Universidad Abierta de Israel, 1986. v. 1. 6 v.

PENNA, Antonio Gomes. *Introdução à História da Psicologia Contemporânea.* Rio de Janeiro: Jorge Zahar, 1982.

_____. *História e Psicologia.* São Paulo: Vértice, 1987.

QUEIROZ, Maria Isaura Pereira de. Relatos Orais: Do "Indizível" ao "Dizível". In: VON SIMON, Olga de Morais (org.). *Experimentos de História de Vida: Enciclopédia Aberta de Ciências Sociais Itália/Brasil.* São Paulo: Vértice, 1988.

REICH, Wilhelm. [1933]. *A Psicologia de Massas do Fascismo.* São Paulo: Livraria Martins, [s.d.].

ROGERS, Carl Ransom. [1961]. *Tornar-se Pessoa.* São Paulo: Martins Fontes, 1982.

SARTRE, Jean Paul. [1946]. *O Existencialismo é um Humanismo.* São Paulo: Nova Cultural, 1987. Coleção Os Pensadores.

_____. [1946]. *A Questão Judaica.* São Paulo: Ática, 1995.

_____. *El Ser y La Nada.* Buenos Aires: Losada, 1968.

SAUSSURE, Ferdinand de. *Curso de Lingüística Geral.* São Paulo: Cultrix, 1970.

SCHOENBERNER, Gerhard. *A Estrela Amarela: A Perseguição aos Judeus na Europa 1933-1945.* Rio de Janeiro: Imago, 1994.

SEMINERIO, Franco Lo Presti. *Diagnóstico Psicológico: Técnica do Exame Psicológico – Fundamentos Epistemológicos.* São Paulo: Atlas, 1977.

_____. *Memória, Aprendizagem e Significação.* Tese de Concurso Para Professor Titular, Rio de Janeiro, UFRJ, 1977.

_____. A Crise da Psicologia Contemporânea. *Arquivos Brasileiros de Psicologia,* Rio de Janeiro, v. 32, n. 1, 1980.

_____. O Problema do Método: Limite ou Expansão em Ciências Humanas, *Arquivos Brasileiros de Psicologia,* v. 38, n. 2, 1986.

_____. Elaboração Dirigida: Um Caminho Para o Desenvolvimento Metaprocessual da Cognição Humana. *Cadernos do ISOP,* v. 10. Rio de Janeiro: Fundação Getúlio Vargas, 1987.

_____. Metaprocesso: A Chave do Desenvolvimento Cognitivo: Uma Reavaliação da Pedagogia Contemporânea. *Cadernos do ISOP,* v. 13. Rio de Janeiro: Fundação Getúlio Vargas, 1888.

_____. A Metacognição e Seus Usos: Um Mecanismo Geral de Desenvolvimento Cognitivo. *Arquivos Brasileiros de Psicologia,* Rio de Janeiro, v. 47, n. 3, 1995.

SPINOZA, Baruch. [1677]. *Ética.* Rio de Janeiro: Ediouro, [s.d.].

STEINER, George. [1968]. *Linguagem e Silêncio: Ensaios Sobre a Crise da Palavra.* São Paulo: Companhia das Letras, 1988.

STEINER, Jean-François. *Treblinka.* Rio de Janeiro: Nova Fronteira, 1977.

TENENBAUM, Enrico Chaim. *Clamor aos Céus.* Rio de Janeiro: [s.e.], 1995.

TOLMASQUIM, Alfredo Tiomno. (1993) *O Distanciamento do Mundo na Construção do Saber Moderno: Diagnóstico de uma Crise de Comunicação.* Dissertação de Doutorado, Escola de Comunicação, Rio de Janeiro, UFRJ, 1993.

VAN DEN BERG, Jan Hendrik. *O Paciente Psiquiátrico: Esboço de Psicopatologia Fenomenológica.* São Paulo: Mestre Jou, 1966.

VELHO, Gilberto. *Desvio e Divergência: Uma Crítica da Patologia Social.* Rio de Janeiro: Zahar, 1981.

Referências Complementares:

ABRAHAM, Ben. *Memórias: Retrospectiva dos Fatos.* São Paulo: Sherit Hapleita, 1996.
AMARAL, Maria Nazaré de Camargo Pacheco. *Dilthey: Um Conceito de Vida e Uma Pedagogia.* São Paulo: Perspectiva/Edusp, 1987.
ARENDT, Hannah. *Origens do Totalitarismo: O Anti-Semitismo. Instrumento de Poder – Uma Análise Dialética*, v. 1. Rio de Janeiro: Documentário, 1979.
ARRUDA, Elso. [1966]. *Síndrome de Opressão: Estudo Antropológico Existencial.* Rio de Janeiro: Fundação Getúlio Vargas, [s.d.].
AUGRAS, M. (ms.) *Memória, História de Vida e Conceituação da Identidade Social.* Notas e Tradução da Palestra de M. Pollak (26 nov. 1987).
BADIOU, Alan. *Ética: Um Ensaio Sobre a Consciência do Mal.* Rio de Janeiro: Relume Dumará, 1995.
BENJAMIN, Walter. *Magia e Técnica, Arte e Política: Ensaios Sobre Literatura e História da Cultura – Obras Escolhidas.* v. 1, São Paulo: Brasiliense, 1985.
BETTELHEIM, Bruno. *A Fortaleza Vazia.* São Paulo: Martins Fontes, 1987.
_____. *Sobrevivência e Outros Estudos.* Porto Alegre: Artes Médicas Sul, 1989.
BLOCH, Marc. *Introdução à História.* Lisboa: Europa-América, 1965.
BRECHT, Bertolt. Terror e Misérias do III Reich. *Teatro de Bertolt Brecht.* Rio de Janeiro: Civilização Brasileira, 1978. V. 6.
BUENO, Francisco da Silveira. *Dicionário Escolar da Língua Portuguesa.* Rio de Janeiro, FAE, 1994.
CAMPOS, Vera Felicidade. *Individualidade, Questionamento e Psicoterapia Gestaltista.* Rio de Janeiro: Alhambra, 1983.
CHOMSKY, Noam. *Lingüística Cartesiana.* Petrópolis: Vozes, 1972.
DUCCESCHI, Ermanno. *Psicoterapia Existencial.* Porto Alegre: Sulina, 1970.
ELIADE, Mirceia. *Mito e Realidade.* São Paulo: Perspectiva, 1991.
EY, Luise. *Langenscheidt Diccionário Portátil das Línguas Portuguêsa e Alemã.* Berlin-Schöneberg: Langenscheidt, 1911.
FADIMAN, James; FRAGER, Robert. *Teorias da Personalidade.* São Paulo: Harbra/Harper & Row do Brasil, 1970.
FINGERMANN, Patricia Finzi. Holocausto: Um Tema em Debate. Edição especial da revista *Análise Shalom.* São Paulo: Shalom, 1979.
FRANÇA, Carlos. *Psicologia Fenomenológica: Uma das Maneiras de se Fazer.* Campinas: Unicamp, 1989.
FRANK, Anne. *Diário de Uma Jovem.* Belo Horizonte: Itatiaia, 1972.
FRANKL, Viktor Emil. *Psicoanálisis y Existencialismo.* Ciudad de México: Fondo de Cultura Económica, 1950
FREITAG, Barbara. *Itinerários de Antígona: A Questão da Moralidade.* Campinas: Papirus, 1992.
GARTENBERG, Alfredo. *O 'J' Vermelho.* Rio de Janeiro: Nova Fronteira, 1976.
GOMES, José Carlos Vitor. *Logoterapia: A Psicoterapia Existencial Humanista de Viktor Emil Frankl.* São Paulo: Loyola, 1987.
GRAVE, João; NETTO, Coelho. *Lello Universal.* Porto: Lello & Irmão, 1950.
HALTER, Marek. *A Memória de Abraão.* Rio de Janeiro: Guanabara, 1989.
HANONO, I. *Calendário Explicativo do Templo União Israel.* Rio de Janeiro: Bloch, 1995.

KEEGAN, John. *Waffen-ss: Soldados da Morte*. Rio de Janeiro: Renes, 1973.
KORCZAK, Janusz. *Diário do Gueto*. São Paulo: Perspectiva, 1986.
KOSOVSKI, Ester. *Vitimologia: Enfoque Interdisciplinar*. Rio de Janeiro: Reproarte, 1993.
KRÜGER, H.R. Aspectos Morais da Pesquisa Científica. *Arquivos Brasileiros de Psicologia*, v.47, n.3, 1995.
LAING, Ronald David. *O Eu Dividido: Estudo Existencial da Sanidade da Loucura*. Petrópolis: Vozes, 1982.
LANZMANN, Claude. *Shoah: Vozes e Faces do Holocausto*. Trad. Maria Lucia Machado. São Paulo: Brasiliense, 1987.
LEVINAS, Emanuel. *Ética e Infinito: Diálogos com Philippe Nemo*. Lisboa: Edições 70, 1988.
LÖWY, Michael. *Redenção e Utopia: O Judaísmo Libertário na Europa Central*. São Paulo: Companhia das Letras, 1989.
LYOTARD, Jean-François. *A Fenomenologia*. São Paulo: Difusão Europeia do Livro, 1967.
MISH, Frederik C. *Webster's Ninth New Collegiate Dictionary*. Springfield: Merriam-Webster, 1985.
MÜLLER, Simon. O Cerne da Questão. *Jornal do Brasil*, Rio de Janeiro, 29 jul. 1995. Caderno Idéias/Livros.
NEHAB, Werner. *Anti-semitismo, Integralismo, Neo-Nazismo*. Rio de Janeiro: ERCA, 1988.
O III REICH e o Brasil: A Correspondência Entre Berlim e Suas Embaixadas no Rio de Janeiro, e em Outras Capitais do Continente. Rio de Janeiro: Laudes, 1968.
REICH, Wilhelm. *Escuta, Zé Ninguém!*. Lisboa: Dom Quixote/Martins Fontes, 1982.
REVUNENKOV, Vladimir Georgievich. *História dos Tempos Atuais: 1917-1957*. São Paulo: Escriba, 1969.
SARTRE, Jean Paul. *Verdade e Existência*. Rio de Janeiro: Nova Fronteira, 1990.
_____. *Os Seqüestrados de Altona*. Mira/Sintra: Europa-América, 1963.
SCHWANTES, Siegfried Julio. *Pequeno Dicionário Hebraico-Português*. Rio de Janeiro: Golden Star, 1983.
SEMINERIO, Franco Lo Presti. Conflitos Existenciais da Terceira Idade. *Arquivos Brasileiros de Psicologia*, v.43 n.1/2, 1991.
SILBERBERG, Gershon. *Ostrowiec, A Memorial Book*. Tel-Aviv, 1971. [Published by the Society of Ostrowiec Jews in Israel with the cooperation of the Ostrowiec Societies in New York and Toronto].
SPRANGER, Eduard. *Formas de Vida: Psicologia Entendida Como Ciência do Espírito e Ética da Personalidade*. Rio de Janeiro: Zahar, 1976.
STEPHENS, Mary Ann Parris; CROWTHER, Janis H.; HOFBOLL, Stevan E.; TENNEMBAUM, Daniel L. *Stress and Coping in Later-Life Families*. New York: Hemisphere, 1990.
STORR, Anthony. *A Agressão Humana*. Rio de Janeiro: Zahar, 1976.
SZWERTSZARF, Chaim. *Cadernos de Ética*. Rio de Janeiro, 1995. Edição do autor.
URIS, Leon. *Exodus*. São Paulo: Círculo do Livro, 1974.
_____. *Mila 18*. Lisboa: Europa-América, 1992.
VIDAL-NAQUET, Pierre. [1987]. *Os Assassinos da Memória: "Um Eichmann de papel" e Outros Ensaios Sobre o Revisionismo*. Campinas: Papirus, 1988.

WATZLAWICK, Paul; BEAVIN, Janet Helmick; JACKSON, Donald de Avila. *Pragmática da Comunicação Humana: Um Estudo dos Padrões, Patologias e Paradoxos da Interação*. São Paulo: Cultrix, 1981.

WIESEL, Elie. *Almas em Fogo*. São Paulo: Perspectiva, 1979.

XAUSA, Izar Aparecida de Moraes. *A Psicologia do Sentido da Vida*. Petrópolis: Vozes, 1986.

ZISMAN, Chaia. *Estórias Que Fazem História*. Rio de Janeiro: Notrya, 1993.

Glossário

Aliá – em heb., literalmente significa "subida". Termo que originalmente fazia referência à peregrinação ao Templo de Jerusalém e que atualmente designa a imigração para Israel.
Appell – al., contagem.
Appellplatz – al., Praça de Chamada. Local de conferência e contagem diária dos prisioneiros nos campos de concentração (*Lagerplatz*). Designa também a praça de reunião e chamada dos habitantes dos guetos.
Arbeit Macht Frei – al., "O Trabalho Liberta". Inscrição da porta de entrada do campo de concentração e extermínio de Auschwitz.
Arbeitsamt – al., Magistratura do Trabalho.
Arbeitseinsatz – al., Grupos de Trabalho constituídos por prisioneiros judeus. Também conhecidos como *Arbeitseinkommandos* (Comandos de Trabalho).
Arbeitsgelende – al., terreno ou área de trabalho. Também referido como *Gelände*.
Bar-Mitzvá – heb., "Filho do Dever", responsável perante a lei. É a cerimônia religiosa de maturidade do menino judeu, aos treze anos de idade, quando passa a assumir uma responsabilidade pessoal no cumprimento dos preceitos judaicos. Nessa data, ele inicia a colocação diária dos *Tefilin* e, perante a comunidade reunida na sinagoga, o jovem é chamado pela primeira vez a ler a *Torá*.
Baukolone – al., grupo de prisioneiros destinados à construção do campo (barracões, ...).
Beigale – íd., bolinho de batata. Iguaria típica da cozinha judaica polonesa.
Beilis – íd., judeu polonês que durante o *pogrom* na cidade de Przytyk, na década de 1920, matou, em defesa própria, um *huligan*, ou seja, um cristão

que participava do *pogrom*. Tornou-se um termo pejorativo dado para referir-se aos judeus como "assassinos".

Biebow – íd., Nome do comandante do gueto de Lodz e cunhado do chefe da ss (Reichsführer-ss), Heinrich Himmler.

Blockältester – al., responsável pelo bloco-alojamento dos prisioneiros nos campos de concentração.

Brit-Milá – heb., circuncisão. É feita no oitavo dia de vida do menino judeu.

Britz – íd., circuncisão (*Brit-Milá*).

Bunker – abrigo subterrâneo antiaéreo.

Commandantura – al., divisão burocrática do comando militar aliado na Alemanha.

Der Stürmer – Jornal antissemita alemão, dirigido por Julius Streicher.

Die Ídische Mamme – íd., "A Mãe Judia". Título de música tradicional judaica, que versa sobre a figura materna.

Dreidl – íd., pião de seis lados popular entre os meninos na Polônia.

Effektenlager – al., campo efetivo. Depósito de vestimentas e bagagens dos prisioneiros levados às câmaras de gás.

Einsatzgruppe – al., grupos de tarefa. Unidades móveis da Polícia de Segurança (SIPO) e do Serviço de Segurança (SD), agregadas ao exército alemão. A tarefa resumia-se no extermínio de judeus, de comissários soviéticos, de doentes mentais e de ciganos. Utilizavam auxiliares ucranianos, leto--lituanos e estonianos para a chacina. As vítimas eram fuziladas e queimadas em valas comuns. No mínimo, um milhão de judeus foi assassinado dessa maneira. Havia quatro *Einsatzgruppe* (A a D), que eram subdivididos em *Einsatzkommandos* (Comandos Especiais). Em 1942, essas unidades móveis foram transformadas em escritórios fixos da SIPO e da SD.

Emuná – heb., fé, crença. Nome de uma Organização Sionista de Cracóvia.

Endlösung der Judenfrage – al., a Solução Final da questão judaica. Plano sistemático para o extermínio dos judeus na Europa.

Entläusung – al., limpeza, desinfecção.

Flackaeserne – al., quartel de unidade antiaérea.

Führer – al., condutor, guia, diretor.

Gauleiter – al., Dirigente de região administrativa, nomeado por Hitler, nos territórios ocupados pela Alemanha.

Gestapo – al., (Geheime Staatspolizei) – Polícia Secreta do Estado. Fazia parte da Organização ss. Encarregada de reprimir antinazistas e judeus.

Gelände – al., terreno; área do campo de concentração cercada para construção.

Goi – heb., designação do não judeu.

Goiá – heb., feminino de *Goi*.

Groszy – centavos da moeda polonesa.

Gulags – russo, designação dos campos de prisioneiros siberianos, utilizados por Stálin.

Häfting – al., prisioneiros.

Haguim – heb., festas. Termo alusivo às festividades judaicas.

Halutzim – heb., sionistas pretendentes a fundar o Estado de Israel.

Hanoar Hatzair – heb., juventude. Organização Juvenil Judaica da cidade polonesa de Dzialoszyce.

Hanukiá – heb., candelabro judaico utilizado na festividade de *Hanuká*, a Festa das Luzes, composto de nove castiçais. No plural, *Hanukiot*.

GLOSSÁRIO

Hassid – heb., piedoso, compassivo. É o rabino estudioso que segue o seu rabino orientador.

Heider – palavra ídiche que designa o centro de estudos judaicos onde se ensinava a língua hebraica, as rezas, o Antigo Testamento, bem como a língua polonesa, uma vez que o idioma corrente dentro da comunidade judaica local era o ídiche.

Hertzlia – Organização Juvenil Sionista de Cracóvia. Seu nome remonta a Theodor Hertzl, fundador do movimento sionista no séc. XIX.

Hooligans – ing., desordeiro. Cristãos que faziam *pogroms*.

Ieschivá – heb., substantivo derivado do verbo *Laschevet*, isto é, "sentar". Designa a escola superior de estudos judaicos para rapazes, após o *Heider*.

Iom Kipur – em hebraico, "Dia do Perdão". Na religião judaica, é o dia mais sagrado do ano, quando os judeus fazem um jejum de 24 horas, concentrando-se em Deus, rezando e pedindo perdão pelos erros cometidos ao longo do ano, esperando serem inscritos no "Livro da Vida Boa".

Ivrit – heb., literalmente hebreu.

Joint – organização mundial judaica de auxílio à comunidade, muito atuante no período do pós-guerra.

Jidan (pl. jidani) – palavra romena pela qual eram designados os judeus; equivalente a "gringo".

Judenrat – al., conselho judaico designado pelos nazistas. Eram constituídos por judeus que intermediavam os contatos entre judeus e alemães.

Judenrein – al., "livre de judeus". Expressão usada pelos nazistas para se referir às localidades onde não mais viviam judeus.

Kadima – heb., avante. Organização Sionista de Cracóvia.

Kadisch – heb., prece de pedidos feita pelo rabino orador ou por aquele que perdeu um parente, durante os ritos fúnebres judaicos. No *Kadisch* os judeus pedem que o nome Santo de Deus seja difundido pelo mundo, e que alcancem a completa redenção.

Kanada – al., comando (grupo de trabalho de prisioneiros judeus) encarregado de receber os transportes em Auschwitz. Levavam os recém-chegados até a entrada das câmaras de gás. A partir daí, os condenados à morte ficavam nas mãos dos Comandos Especiais *(Sonderkommandos)*. Os componentes do *Kanada* e dos Comandos Especiais eram, geralmente, castrados.

Kapos – al., membros da polícia interna dos campos de concentração, que também eram prisioneiros; eram os chefes das seções de trabalho.

Kibutz – heb., cooperativas agrícolas socialistas existentes em Israel.

Klientelshik – íd., comerciante por clientela; mascate.

Kol Nidrei – oração heb., "todos os votos", proferida pelos judeus no *Iom Kipur*. É a primeira oração do "Dia do Perdão", quando os judeus pedem perdão por todas as promessas não realizadas no ano.

Kommando – al., comando, destacamento.

Konzentrationslager – al., campo de concentração. Sua abreviatura é KZ, conforme utilizada por Frankl, 1955, em seu livro *Un Psicólogo en el Campo de Concentración*.

Kripo – *Kriminalpolizei* – al., Polícia Criminal. Cooperava com a *Gestapo* nas perseguições aos judeus e aos membros da Resistência.

Kristallnacht – al., Noite dos Cristais. Evento ocorrido no dia 9 de novembro de 1938, na Alemanha e em partes da Áustria. Consistiu de uma série de atos de violência coordenados, *Pogroms*: Saques a estabelecimentos e residências judaicas, destruição de comércio e sinagogas, além de prisões em massa.

Kvutzá – heb., grupo.

Lager – al., campo.

Lagerälteste – al., comandante do campo de concentração.

Lagermaster – al., chefe do campo.

Lausstrasse – al., "rua dos piolhos". Termo alusivo à faixa de cabeça raspada, nos campos de concentração, para identificar os prisioneiros judeus.

Lebensmittelkarten – al., cartões de alimentos. Também chamados de cartões de racionamento. Distribuídos pelo Estado, durante a guerra, à população. Os alemães recebiam 2200 calorias diárias. Os não alemães, 1200 calorias, e os judeus somente 180 a 200 calorias. Para estes, era calculada uma subsistência de, no máximo, seis meses.

Macabi – clube judaico originário de Cracóvia. Seu nome remonta aos macabeus, heróis de uma família judaica que se opuseram à dinastia grega dos selêucidas, que governava a Síria e a Palestina.

Macur – Padre polonês do séc. XIX que roubou os olhos de brilhantes da virgem negra, do santuário de Czenstochwa. Alusão aos judeus como ladrões.

Magen David – heb., Estrela de David.

Matzeiva – heb., pedra tumular.

Metzies – íd., pechinchas. Objetos pelos quais se paga pouco, mas que valem muito.

Mezuzá – heb., umbral, batente, sinal judaico que designa uma casa ou um recinto fechado como sendo judaico. A *Mezuzá* é uma pequena caixinha contendo dentro uma oração de proteção da casa e de seus ocupantes e é colocada no batente direito de cada porta.

Muselmänner – al., "Esqueletos", literalmente "Muçulmanos". Gíria usada nos campos de concentração para denominar pessoas prestes a morrer. Em *Síndrome de Opressão*, Arruda observa que: trata-se da fase terminal da opressão por fome e maus tratos; espectro do homem, em que se destacam as seguintes características: caquexia; emaciação; redução e retardamento dos processos mentais; oligocinésia e bradicinésia; adinamia; falta de iniciativa para tudo; indiferença diante do sofrimento e desinteresse pelo seu destino; desidratação extrema.

Nationalsozialistische Deutsche Arbeiterpartei (NSDAP) – Partido Nacional--Socialista dos Trabalhadores Alemães.

N.K.V.D. – russo Narodniy, sigla que designa Segurança do Estado Soviético.

Ordnungsdienst – al., Serviço de Ordem. Era a Polícia Judaica.

Partisans – fr., grupos de resistência e guerrilha contra os alemães, durante a Segunda Guerra Mundial, que habitavam as florestas.

Peiot – heb., cachos. Os rabinos ortodoxos deixam crescer os cabelos sobre as têmporas – área sagrada que não pode ser barbeada ou cortada – formando compridos cachos.

Pfeilkreuzler – al., Flechas Cruzadas. Fascistas húngaros.

Poalei Sion Smol – heb., "Trabalhadores Esquerdistas de Sion". Nome do partido sionista de esquerda polonês da cidade de Lodz.

Pogrom – rus., destruição. Massacre organizado contra determinados grupos, particularmente contra os judeus, durante os quais cometia-se roubos, estupro de mulheres, raptos, assassinatos e destruição do local.

GLOSSÁRIO

Pupils – jovens rapazes poloneses selecionados ao chegarem aos campos de concentração para servir aos *Kapos e Bolckältesters*; com isso, escapavam às câmaras de gás.

Quittung – al., vale; documento representativo de dinheiro ou de mercadorias nele especificadas.

Rassenschande – al., desonra da raça. Termo referente ao crime que um ariano comete por se relacionar com um judeu, envergonhando a raça alemã.

Razia – vocábulo originado do italiano *razzia* que significa massacre.

Rebe – íd., rabino.

Reich – al., império, reino.

Reichdeutsche – al., alemães nascidos na Alemanha.

Reichssicherheitshauptamt (RSHA) – al., Departamento de Segurança Nacional. Fazia parte de uma das três subdivisões da Organização SS, a *Algemeine--ss* (ss Gerais).

Rosch Haschaná – Ano Novo Judaico. Sua tradução literal do hebraico é "Cabeça do Ano", pois a data é o início de um novo ano, e faz alusão ao início do corpo humano, a cabeça.

Ruble – rus., moeda russa. Em português, rublo.

Schutzstaffel (ss) – al., Tropas de Proteção. Unidade paramilitar nacional-socialista organizada pelo Ministro do Interior do III *Reich*, Heinrich Himmler. Constituída por grupos de extermínio, polícias, guardas dos campos de concentração e extermínio, entre outros.

Sefaradim – heb., pl., judeus de origem espanhola e árabe.

Selectzia – (*Selekcja*, conforme ortografia polonesa) polonês; seleção. Termo alusivo à seleção à qual os judeus eram submetidos nos guetos e nos campos de concentração.

Schabat – heb., sábado, o sétimo dia da criação, quando Deus descansou. Dia da semana santificado para os judeus.

Schoket – heb., encarregado do abate de galinhas e bois, que o faz de acordo com as técnicas e preceitos judaicos.

Sicherheitsdienst (SD) – al., Serviço de Segurança. Pertencente ao Serviço de Segurança Nacional *(RSHA)*.

Sicherheitspolizei (SIPO) – al., Polícia de Segurança. Pertencente ao Serviço de Segurança Nacional *(RSHA)*.

Sonderaktion – al., Ação Especial (ação de extermínio).

Sonderbehandlung – al., Tratamento Especial (extermínio de judeus).

Sonderkommando – al., Comandos Especiais. Prisioneiros judeus encarregados de retirar os corpos das câmaras de gás e levá-los aos crematórios. Trabalhavam de seis a oito meses nessa função. Depois eram fuzilados ou também levados às câmaras de gás por novo grupo de prisioneiros já constituído para substituí-los.

Stubendienst – al., guardas do cárcere.

Sturmabteilung (SA) – al., Tropa de Assalto do Partido Nacional-Socialista dos Trabalhadores Alemães. Eram encarregados, inicialmente de dissolver comícios antinazistas e, de 1933 em diante, de hostilizar aos judeus.

Sturmstaffeln – al., Esquadrões de Assalto.

Sucá – heb., cabana. *Sucot*, no plural, é a "Festa das Cabanas" ou "Festa dos Tabernáculos". Dura oito dias e nela os judeus recordam o êxodo do Egito, quando os seus antepassados, durante quarenta anos, caminharam no deserto, e viviam em cabanas precárias ou tendas temporárias. Na festa de *Sucot*, os judeus comem na *sucá*, que simboliza a vida do povo judeu na diáspora – uma estrutura frágil e nômade.

Talit – heb., designa o manto sagrado com o qual os homens judeus cobrem os ombros e a cabeça durante as orações. Em ídiche é designado *Talis*.

Talmud – heb., instrução. É o compêndio das tradições e leis judaicas, composto pela *Mischná* e pela *Guemará*.

Tefilin – heb., designa o aparato de couro que os homens judeus, a partir dos treze anos, colocam em seu braço esquerdo, junto ao coração, e sobre a testa, durante as orações, significando a ligação dos poderes emocionais e intelectuais do indivíduo a serviço de Deus. As tiras, estendendo-se do braço à mão e da cabeça às pernas, significam a transmissão da energia intelectual e emocional para as mãos e os pés, simbolizando ação.

Totenkopfverband (ss) – al., Formações da Caveira. Mantidos pelos fundos da polícia, no Ministério do Interior. Eram incumbidos da guarda dos campos de concentração e extermínio dos judeus. Usavam insígnias com uma caveira.

United Service for New Americans – ing., organização não governamental de auxílio aos imigrantes.

U.N.R.R.A. (United Nations Relief and Rehabilitation Administration) – ing., Instituição filantrópica das Nações Unidas de ajuda aos refugiados criada no final da Segunda Guerra Mundial.

Volksdeutsche – al., poloneses descendentes de alemães; alemão nascido e/ou residente fora do *Reich*.

Waffen-ss – al., ss em Armas. Formações militarizadas da ss mantidas pelos fundos militares do Estado, como componentes das Forças Armadas (Wehrmacht).

Wannsee-Konferenz – al., Conferência Wannsee. Realizada em 20 de janeiro de 1942, em Berlim, por Heydrich e Eichmann, a mando de Hitler e Göring para coordenar a "Solução Final da Questão Judaica" *(Endlösung der Judenfrage)*. A partir de então, as palavras "morte" e "execução" não foram mais mencionadas pelos nazistas, e sim "tratamento especial" *(Sonderbehandlung)*, "meta" *(Das Ziel)*, "Solução Final".

Waschraum – al., lavatório.

Wehrmacht – al., exército alemão.

Wohngebiet der Juden – al., Habitação dos Judeus.

Zloty (Zl) – pol., Moeda polonesa.

Zwangarbeitslager – al., campo de trabalhos forçados.

COLEÇÃO ESTUDOS

E292
O Homem e a Terra
Eric Dardel

E293
A Simulação da Morte
Lúcio Vaz

E294
A Gênese da Vertigem
Antonio Araújo

E295
História do Urbanismo Europeu
Donatella Calabi

E296
Trabalhar com Grotowski Sobre as Ações Físicas
Thomas Richards

E297
A Fragmentação da Personagem
Maria Lúcia Levy Candeias

E298
Judeus Heterodoxos: Messianismo, Romantismo, Utopia
Michael Löwy

E299
Alquimistas do Palco
Mirella Schino

E300
Palavras Praticadas: O Percurso Artístico de Jerzy Grotowski, 1959-1974
Tatiana Motta Lima

E301
Persona Performática: Alteridade e Experiência na Obra de Renato Cohen
Ana Goldenstein Carvalhaes

E302
Qual o Espaço do Lugar: Geografia, Epistemologia, Fenomenologia
Eduardo Marandola Jr., Werther Holzer, Lívia de Oliveira (orgs.)

E303
Como Parar de Atuar
Harold Guskin

(Últimos Lançamentos)

E304
Metalinguagem e Teatro: A Obra de Jorge Andrade
Catarina Sant'Anna

E305
Apelos
Jacques Copeau

E306
Ensaios de um Percurso: Estudos e Pesquisas de Teatro
Esther Priszkulnik

E307
Função Estética da Luz
Roberto Gill Camargo

E308
Interior da História
Marina Waisman

E309
O Cinema Errante
Luiz Nazario

E310
A Orquestra do Reich
Misha Aster

E311
A Poética de Sem Lugar: Por uma Teatralidade na Dança
Gisela Dória

E312
Eros na Grécia Antiga
Claude Calame

E313
Estética da Contradição
João Ricardo Moderno

E314
Teorias do Espaço Literário
Luis Alberto Brandão

E315
Haroldo de Campos: Transcriação
Marcelo Tápia e Thelma Médici Nóbrega (orgs.)

E316
Entre o Ator e o Performer
Matteo Bonfitto

E317
Holocausto: Vivências e Retransmissão
Sofia Débora Levy

Este livro foi impresso na cidade de Cotia,
nas oficinas da MetaSolutions, em fevereiro de 2016,
para a Editora Perspectiva.